QUE SAIS-JE?

Les sectes

JEAN VERNETTE

Quatrième édition corrigée

21ᵉ mille

DU MÊME AUTEUR

Théodore de Mopsueste, Rome, 1954.
Pour les adolescents d'aujourd'hui : Les temps forts, Paris, Sénevé, 1970.
Seront-ils chrétiens ? Perspectives catéchuménales, en collaboration avec Henri Bourgeois, Lyon, Chalet, 1975 (+ trad.).
Sectes et réveil religieux. Quand l'Occident s'éveille..., Mulhouse, Salvator, 1976.
« Croire en dialogue ». Les religions, les Eglises, les sectes, en collaboration avec René Girault, Limoges, Droguet et Ardant, 1979 (20ᵉ mille + trad.).
Des chercheurs de Dieu hors frontières, Paris, Desclée de Brouwer, 1979.
Guide des religions (collaboration), Paris, Dauphin, 1981 (2ᵉ éd.).
Au pays du nouveau sacré. Voyage à l'intérieur de la jeune génération, Centurion, 1981.
Guide de l'animateur, en collaboration avec A. Marchadour, Limoges, Droguet et Ardant, 1983 (10ᵉ mille + trad.).
Les sectes, l'occulte et l'étrange (6 albums BD), Salon-de-Provence, Editions du Bosquet, 1985 (300ᵉ mille + trad.).
Les sectes et l'Eglise catholique, Paris, Cerf, 1986.
Occultisme, magie, envoûtements, Mulhouse, Salvator, 1986 (4ᵉ éd. + trad.).
Les grandes questions de l'existence (6 albums BD), Salon-de-Provence, Editions du Bosquet, 1986 (300ᵉ mille + trad.).
Jésus dans la nouvelle religiosité, Paris, Desclée, 1987 ; rééd. revue, 1995.
Des sectes à notre porte ?, en collaboration avec Y. de Gibon (2ᵉ éd.).
Réincarnation, Résurrection. Communiquer avec l'au-delà, Mulhouse, Salvator, 1988 (2ᵉ éd. + trad.).
Peut-on prédire l'avenir ?, Paris, Centurion, 1989 (+ trad.).
Le Nouvel Age, Paris, Téqui, 1990 (4ᵉ éd. + trad.).
Peut-on communiquer avec l'au-delà ?, Paris, Centurion, 1990 (+ trad.).
Paraboles pour aujourd'hui, Limoges, Droguet et Ardant, 1991 (20ᵉ mille + trad.).
La sorcellerie, Paris, Droguet et Ardant, 1991 (+ trad.).
Si Dieu était bon..., Paris, Centurion, 1991 (2ᵉ éd.).
Exorciste aujourd'hui ?, Mulhouse, Salvator, 1992 (en collab.).
Le New Age, Paris, PUF, 1992 (2ᵉ éd. + trad).
Paraboles d'Orient et d'Occident, Paris, Droguet et Ardant, 1993.
Sectes : que dire ?, que faire ?, Mulhouse, 1994 (2ᵉ éd.).
Dictionnaire des groupes religieux aujourd'hui, en collaboration avec C. Moncelon, Paris, PUF, 1995 (2ᵉ éd.).
La réincarnation, Paris, PUF, 1995.

ISBN 2 13 043894 6

Dépôt légal — 1ʳᵉ édition : 1990
4ᵉ édition corrigée : 1996, avril

© Presses Universitaires de France, 1990
108, boulevard Saint-Germain, 75006 Paris

Introduction

LES SECTES,
PROBLÈME D'ACTUALITÉ

Le foisonnement des sectes fait aujourd'hui partie du paysage religieux de l'Occident. Ce n'est pas sans poser problème aux sociétés et aux Eglises.

Une prolifération croissante

Les thèmes de leur discours sont devenus assez voisins.

Les uns annoncent la fin imminente de ce monde suivie de mille ans de bonheur sur terre, offrent d'entrer dans l'Arche du Salut à l'approche de la catastrophe « apocalyptique », affirment revenir à l'authentique lecture de la Bible et à l'âge d'or du christianisme primitif ; tous assurent détenir La Vérité.

D'autres s'affirment en mesure de faire bénéficier de guérison toute personne malade, serait-elle incurable, voire d'instaurer la paix et la fraternité universelles. Certains invitent à faire l'exploration des chemins de la vie intérieure par des méthodes importées d'Orient qui doivent assurer le chemin de la sérénité.

Ces nouveaux croyants séduisent par la force de leur conviction, la sincérité de leur enthousiasme, la simplicité de leur doctrine. Mais ils inquiètent aussi, lorsqu'ils semblent poursuivre des objectifs plus financiers que spirituels, lorsqu'ils sèment la division dans les familles.

Certains groupes s'adressent plus spécialement aux jeunes. On doit constater alors que plusieurs paient leur nouvelle adhésion du prix d'une dépersonnalisation dommageable, voire d'une régression, en tout cas d'une rupture avec leur famille, leurs études, leur profession. D'où des réactions de défense du corps social à l'égard des « nouvelles sectes » dont certaines semblent se couvrir abusivement de l'étiquette religieuse pour poursuivre d'autres fins, alors que les plus anciennes n'en avaient suscité que dans le corps ecclésial.

Un autre ensemble de micro-groupes plus difficile à déceler se développe autour de mouvements de développement du potentiel humain devenus des sectes initiatiques, autour de cénacles ésotériques, autour de multiples gourous proposant les voies de « réalisation du Soi », ou de thérapies élevées au rang de religions-substitut.

Un contexte culturel

La plupart sont apparus assez récemment en Occident (les Mormons ont vu le jour en 1830, les Raëliens — religion d'Extra-terrestres — en 1975). La moitié des groupes actuellement actifs sont nés après 1950. Mais la tendance s'accélère. On note la coïncidence de ce surgissement avec l'apparition de la révolution industrielle aux XIXe et XXe siècles, et avec le processus de sécularisation suivant lequel les institutions religieuses perdent de leur signification sociale. La révolution technologique qui commence pourrait accélérer le mouvement. La recrudescence des sectes apparaît pour une part comme la conséquence d'un certain recul des Eglises, mais elle répond surtout à une demande potentielle de certaines catégories de personnes qui définit le terreau psycho-sociologique et culturel de la « nouvelle religiosité ». Ces groupes chauds et convaincus offrent en effet, en période d'instabilité et de crise, des réponses particulièrement tranquillisantes : un modèle, des rites, un embrigadement musclé, une communauté porteuse d'une vérité assurée, une sécurité et un salut.

La société occidentale est par ailleurs marquée actuellement par une tendance générale au repli. Cette mentalité de recentrage favorise la naissance de nouveaux groupes religieux ou para-religieux. Après l'époque des grandes aspirations des années 1960-1970, c'est le temps du réformisme mesuré, du conservatisme prudent. On se replie sur la famille et le clan, sur la nature et la vie privée. On recherche le leader charismatique. Or ces traits caractérisent la plupart des nouveaux mouvements religieux. Tous recherchent la chaleur communautaire. Certains se replient à la campagne. D'autres se constituent autour d'un maître spirituel.

Le contexte sociologique est devenu favorable à l'apparition de groupes de croyants « sauvages » car il comporte deux volets : — une démobilisation par rapport aux projets et systèmes de valeurs collectifs, — un éclatement du corps social en de multiples tribus repliées sur elles-mêmes.

Une autre approche montrerait comment la « contre-culture » des années 60 (aux Etats-Unis) et d'après Mai 68 (en France) s'épuisant peu à peu, elle fut récupérée progressivement par les nouvelles sectes proposant à des jeunes, dans ce creux idéologique et cette béance psychologique, à la fois la même rupture avec le « système » social en place et un cadre sécurisant, une vie chaleureuse et disciplinée réintégrant les valeurs d'ordre de la société globale.

Le phénomène des sectes dans le champ socio-religieux

La recrudescence des sectes n'est qu'une manifestation de mouvements de fond de plus vaste ampleur dans les sociétés occidentales, en particulier : — un réveil de la croyance, de l'irrationnel, parfois de la mystique, globalisé sous l'expression contestée mais qui s'impose de « retour du religieux », — un déplacement du sacré et de ses lieux.

Le fourmillement sectaire - toute secte exprimant une protestation contre la société et les Eglises en place - aura alors des incidences importantes sur l'ensemble du champ socio-religieux.

Incidences sociales. — Jusqu'aux années 70, la mise en garde contre les sectes était surtout le fait des Eglises. Avec l'arrivée de la deuxième vague, c'est la société qui s'est trouvée agressée. Des associations de défense se constituent. Les plaintes déposées par les familles donnent lieu à des actions judiciaires, et les **media font caisse de résonance, ce qui n'est pas sans occasionner certains débordements.**

Incidences médiatiques. — Le « phénomène des sectes » est devenu un fait médiatique. La loi du genre peut entraîner d'ailleurs certaines distorsions qualitatives (recherche du sensationnel, de l'ésotérique, du malsain), quantitatives (erreurs d'optique attribuant à des groupes très minoritaires, mis en vedette par quelque aberration, davantage d'importance qu'à des mouvements d'ampleur beaucoup plus considérable).

Incidences judiciaires. — La société est appelée à se prononcer devant les agissements délictueux de groupes totalitaires se couvrant de l'étiquette religieuse : pour préserver la liberté de ses membres, spécialement des jeunes. Les mesures réglementaires, administratives et de droit commun sont urgées. Deux projets de législation-réglementation ont été proposés en Europe : au Parlement européen (« rapport Cottrel », 1984), auprès du gouvernement français (« rapport Vivien », 1985).

Incidences politiques. — L'interaction avec le politique est constitutive de la structure « secte », car toute secte-religieuse se définit par un mode spécifique de relation avec « le monde ». On note par exemple : — le refus des services militaire et civil chez les Témoins de Jéhovah, — la tolérance discrète de certains gouvernements à l'égard des sectes prônant la dépolitisation ou l'anti-communisme. Si ces groupes posent question, c'est parce qu'ils sont contestataires des sociétés.

Incidences religieuses. — Une sorte de marché commun mondial des croyances s'est créé, dont le développement des sectes et « cultes » est un révélateur significatif. Les Eglises ont été amenées à prendre position à ce même plan mondial.

Dans les pages qui suivent, on fournira des réflexions de fond et des informations documentées sur les groupes les plus représentatifs. Tout en répondant aux interrogations nées de l'actualité, on se situera en prospective d'avenir en fonction du déplacement actuel des phénomènes religieux en Occident.

Chapitre premier

QU'EST-CE QU'UNE SECTE ?

I — Une notion à la fois sociologique et théologique

Qu'est-ce qu'une « secte » ? L'étymologie ici n'est pas d'un grand secours. Elle indique tout au plus un mouvement : font partie d'une *secte* ceux qui *suivent* une personne, une doctrine (du latin *sequi* = suivre) : tels les premiers Mormons qui suivront Brigham Young, au siècle dernier, en Amérique, dans sa longue marche vers l'Ouest. On fait parfois intervenir l'étymologie erronée *secare* (« séparer, couper », en latin) : la secte se distinguerait alors de la religion comme le groupe minoritaire de la souche mère dont il s'est détaché. Et, de fait, beaucoup naissent ainsi, tels les Enfants de Dieu se séparant du tronc évangélique originel.

« Secte » et « sectaire ». — La difficulté de tout discours sur les sectes en Occident tient à ce que ce terme est perçu comme exprimant un jugement de valeur. Il appartient en effet au vocabulaire théologique. Dire d'un groupe « c'est une secte », c'est porter dans l'esprit de beaucoup un jugement dévalorisant. Il vaudrait mieux parler de « non-conformisme religieux ». Car on identifie la dénomination objective

« secte » avec le qualificatif péjoratif « sectaire ». Par contre « le vocable Eglise est dans l'usage courant toujours valorisant, écrit Jean Séguy, et toute secte (au sens sociologique) se veut Eglise (au sens théologique), taxant de sectes (au sens vulgaire) les Eglises qui ne répondent pas à son idéal ». Il vaut mieux donc utiliser de manière habituelle le vocabulaire sociologique et employer les termes d'*Eglise* et de *secte* pour désigner simplement des structures sociales sans préjuger de leur valeur.

C'est toujours en ce sens que nous emploierons le mot « secte » : pour désigner, au sens objectif de l'historien et du sociologue, des mouvements de protestation dissidente contre les Eglises et les sociétés.

La secte définie par opposition à l'Eglise. — Max Weber définit l'Eglise comme une institution de salut, la secte comme un groupe contractuel. Ernst Trœltsch les oppose dialectiquement. Secte et Eglise représentent, dit-il, deux tendances opposées déjà en germe tout au début du christianisme : le conservatisme (de type *Eglise*) et le radicalisme (de type *secte*).La première tendance remonterait à saint Paul et à son entourage. La tradition paulinienne aurait visé à mettre sur pied une institution centralisée et universelle, dépositaire de la grâce divine et la distribuant par les sacrements. Une hiérarchie sacerdotale musclée structurait efficacement le tout.

A l'opposé, la tendance *secte* s'originerait dans saint Jean. C'est la tradition johannique bien connue de la communauté d'amour autour de Jésus, du refus du monde, de l'attente du retour du Christ pour un « millénium »: mille ans de bonheur. Ce sont les thèmes de l'évangile de l'*agapé* (l'amour) et des visions prophétiques de l'Apocalypse. De telles communautés ne peuvent être, dit-il, que minoritaires. Car elles n'acceptent que des membres choisis, pratiquant un ascétisme moral rigoureux et une sainteté personnelle qui en font une élite fermée mais soudée. Des groupes évangéliques de type fondamentaliste glisseraient facilement aujourd'hui dans ce fonctionnement[1].

Le groupe de type *Eglise* entretient inévitablement l'ordre social établi. Il se situe en effet en possédant des moyens de salut, puisque aussi bien il gère la distribution de la grâce divine. On y entre par naissance et on y demeure par état sociologique. On n'y participe que suivant la part de pouvoir que l'on détient : prêtre ou fidèle, religieux ou laïc. Il véhicule l'enseignement « exotérique » de Jésus, c'est-à-dire celui qui est destiné à tout le monde, alors que l'enseignement « ésotérique » est réservé aux initiés. - Tous les mouvements gnostiques affirment en être les détenteurs patentés : Rose-Croix et Fraternité Blanche Universelle, Société théosophique et Graal.

Le groupe de type *secte*, en revanche, est l'expression privilégiée de la contestation des couches inférieures de la société. Il naît d'une volonté de fraternité, d'égalitarisme, de communauté et de partage. Il est fondé sur l'engagement personnel, l'assentiment intérieur à une éthique plus radicale que celle des membres des Eglises. Les Pentecôtistes, à l'origine, recrutaient dans

---

1. E. Trœltsch écrit : « L'Eglise est une institution qui, ayant reçu à la suite de l'œuvre rédemptrice le pouvoir de dispenser le salut et la grâce, peut s'ouvrir aux masses et s'adapter au monde ; car elle peut, dans une certaine mesure, faire abstraction de la sainteté subjective dans l'intérêt des biens objectifs que sont la grâce et la rédemption. - La secte est une libre association de chrétiens austères et conscients qui, parce que véritablement régénérés, se réunissent ensemble, se séparent du monde et se restreignent à leurs petits cercles. Plutôt que sur la grâce, ils mettent l'accent sur la loi, et pratiquent, au sein de leur groupe, et d'une manière plus ou moins radicale, la loi chrétienne de l'amour : tout cela en vue de préparer et d'attendre la venue du Royaume de Dieu » (*Soziallehren*, « Conclusions », traduction M.-L. Letendre, *ASR*, 11/1961, p. 15 à 34.) Cité par D. Hervieu-Léger, *Vers un nouveau christianisme*, Paris, Cerf, 1986.

les couches basses des classes moyennes et dans les classes populaires, souvent chez les migrants. Ils mènent encore une action intense auprès des Gitans, avec la Mission tzigane.

Les traits distinctifs de la secte. — A la suite de Weber et de Trœltsch, J. Séguy voit dans la secte, « un groupement contractuel de volontaires qui ont choisi, après certaines expériences religieuses précises, de s'agréger à d'autres chrétiens qui ont fait les mêmes expériences. Le corps ainsi formé tient sa légitimation des liens créés entre croyants, et entre eux et Dieu. Le salut est ici affaire personnelle, et non pas de relation à un organisme de grâce... Les exigences éthiques y sont les mêmes pour tous les membres. Le souci de maintenir, par la discipline et l'excommunication, la pureté de leur communauté se révèle ici d'autant plus nécessaire que la sainteté est celle des participants, et non pas une qualité inhérente à sa légitimité »[2].

Choix volontaire et mutuel, séparatisme et exclusivisme, auto-identification au groupe entretenue par la surveillance et l'exclusion, élitisme et légitimation directe par Dieu : ces traits définissent bien la secte. On ne les rencontre jamais à l'état pur, mais une fréquentation assidue de certains de ces mouvements fait apparaître rapidement ces grandes arêtes.

Choix volontaire et mutuel. — Adhérer à une secte, c'est se donner volontairement, solliciter son admission dans une société qui peut vous en refuser l'accès. C'est demander de participer aux faveurs divines dispensées par le groupe, et — pour cela —

---

2. Jean Séguy, article « Eglises et sectes », in Encyclopédia Universalis, vol. 5, p. 1011.

rompre avec ses appartenances antérieures : avant de se « vouer à Jéhovah », certains Témoins demandent leur radiation des registres de baptême de leur Eglise d'origine. De même les Raëliens après leur adhésion à cette « religion athée » d'Extra-terrestres. C'est se soumettre aux règles imposées par le groupe, à l'exclusion de tout autre code religieux, moral ou social. Le néophyte Mormon ne fume pas, ne boit pas d'alcool, s'abstient de café et de thé. Les règles alimentaires qui structurent fortement tout groupe religieux, sont d'ailleurs en honneur dans la plupart des sectes.

Séparation et exclusivisme. — On ne « naît » pas Témoin de Jéhovah ou Pentecôtiste. On le devient, par un acte d'engagement personnel qui s'exprime généralement par le baptême à l'âge adulte. D'où la solide cohésion de ce corps auquel chaque membre s'est agrégé volontairement et au terme d'un choix conscient.

L'allégeance du Témoin à son association est totale. Il commence par ôter de son habitation tout crucifix, image, médaille ; puis il presse instamment les siens de faire de même. Son centre de gravité devient peu à peu la Salle du Royaume et c'est en fonction du seul groupe qu'il organise son emploi du temps : autour des cinq ou six heures de réunions hebdomadaires, des études bibliques et de la prédication à domicile.

Dans les nouvelles sectes pour jeunes, la séparation s'exprime par le regroupement en vie de communauté très stricte : dans l'ashram, la « famille », le « noyau ».

Auto-identification au groupe. — Le vrai « sectaire » s'identifie corps et âme à son mouvement, plus que dans aucun groupe social. Les rites, les serments, le secret et l'initiation graduelle, renforcent cette « possession mutuelle ». On sait ce qu'a représenté le nazisme et ses liturgies pour des millions de jeunes allemands.

Le groupe tente en même temps d'expliquer que son exclusivisme n'est pas sectarisme, en se présentant comme « ouvert à tous » : comme La religion universelle et « œcuménique » par excellence, voire comme La Religion mondiale pour l'an 2000. L'Association du Révérend Moon, entre autres noms, prend volontiers celui d'Eglise de l'*Unification* (du Christianisme mondial). Le Mandar'Om se veut Temple de la Religion *universelle*. Et la Foi bahaie, se présente elle aussi comme *universelle* tout comme la Fraternité Blanche du même nom.

Surveillance et exclusion. — Mais l'adhésion exigée ne peut être qu'exclusive : car c'est une des conditions de survie du groupe en tant que groupe. Les procédures de surveillance et d'exclusion en assurent la qualité et la permanence. Pour inciter les adeptes à ne pas se laisser aller à la tiédeur, la secte exerce un contrôle vigilant. Le « berger » responsable d'une communauté d'Enfants de Dieu adresse chaque mois un rapport sur chacune de ses brebis, notant et appréciant son ardeur à l'étude, son comportement en groupe, ses résultats dans la vente de la littérature de Moïse Berg (le « litmoignage »). Même surveillance rigoureuse sur chaque membre par les « Comités d'Ethique » de la Scientologie.

Les « aînés », les « surveillants » de chaque Congrégation des Témoins, rappellent fermement à l'ordre les « faibles » et ceux qui n'ont pas une « bonne conduite » par « nécessité de maintenir la pureté spirituelle » du groupe. Ils peuvent même prononcer l'exclusion, particulièrement efficace pour assurer ladite pureté. La sanction est suspendue comme une épée de Damoclès pour maintenir le troupeau dans la soumission. Car l'exclu est traité avec une particulière sévérité. La mise à l'index d'un Scientologue déclaré « suppressif » s'accompagne de l'interdiction pour les autres membres du groupe de le fréquenter et parfois d'une persécution larvée.

Elitisme et légitimation directe par Dieu. — Chaque membre a conscience d'appartenir à une *élite* choisie par Dieu : « Nous sommes les purs — et donc, finalement, les meilleurs. » On évoque les Cathares. Le groupe, de son côté, tient pour assuré que ce rôle providentiel de « flambeau », de « sel de la terre » et de « petit reste », lui est imparti par un choix providentiel de Dieu qui le dirige en direct. Il en tire sa *légitimation* et son auto-assurance. Joseph Smith et ses successeurs à la tête du Mormonisme se considèrent comme en relation immédiate et constante avec Dieu.

Un ensemble d'obligations et d'interdits valorise le caractère élitiste du mode de vie que le néophyte a choisi. Les groupes hindouistes demandent à leurs adhérents cette ascèse alimentaire déjà signalée, mais comme un élément du processus de libération du Soi.

Des adeptes de sectes guérisseuses refusent le recours au médecin, même pour sauver un enfant en danger de mort, en esprit d'obéissance à la Bible et à la Loi de Dieu telle qu'ils l'interprètent.

Le comportement élitiste n'est d'ailleurs pas spécifique aux groupes religieux. Les Spartiates et les Zoulous avaient eux aussi leur code de vie, leurs rites d'initiation, leurs épreuves d'admission qui garantissaient la pureté et le mérite du groupe. Mais aux yeux des adeptes des sectes, une plus grande rigueur des normes éthiques est surtout une preuve validante de la supériorité de la Vérité qu'ils sont convaincus de détenir. Elle a été révélée par Initiation au long de la chaîne des Grands Maîtres remontant jusqu'à la Tradition-primordiale, disent les rosicruciens, théosophes, acropoliens, martinistes, et tous les représentants actuels de l'Esotérisme et de la Gnose.

Certains de ces traits peuvent toutefois s'atténuer avec le temps : par augmentation massive des adhérents, par conformisme sociologique dans la transmission des croyances aux enfants nés dans le groupe, par la multiplication des contacts sous la pression des événements, finalement par intégration à la société globale.

Des essais de classification. — Dans une typologie descriptive classique on distinguera : - les mouvements de réveil comme les Quakers ou les Pentecôtistes ; les sectes guérisseuses comme l'Antoinisme ou la Science chrétienne ; les millénarismes comme les Témoins de Jéhovah et les Enfants de Dieu ; — les religions syncrétistes comme le Caodaïsme ou l'Anthroposophie, et les gnoses comme la Scientologie ou la Théosophie ; - les religions orientales comme la Conscience de Krishna et tous les succédanés de l'hindouisme et du bouddhisme.

Une classification plus fine partirait de la motivation fondamentale qui explique l'apparition d'une secte. Celle-ci se propose en effet comme *la* voie du salut. Chacune offre son propre itinéraire et exige une certaine attitude par rapport au monde extérieur, souvent assimilé au mal et à Satan. Le sociologue Bryan Wilson[3] en tire une typologie spécifique :

On entendra par secte *conversionniste* celle qui propose la voie de la conversion intérieure et personnelle (Mouvements pour Jésus, Pentecôtisme). — Les sectes *révolutionnaires* s'organisent autour de

3 *Les sectes religieuses*, Paris, Hachette, 1970.

l'assurance que le monde va être transformé par une intervention directe de Dieu (Témoins de Jéhovah, Eglise universelle de Dieu). — Les sectes *introversionnistes* cherchent le salut dans un repli sur la seule communauté religieuse, après une rupture totale d'avec la société corrompue (Amishs, dévots de Krishna). — Les sectes *manipulatrices* cherchent des moyens surnaturels et occultes ou des techniques purement humaines pour acquérir le salut (Scientologie, Rose-Croix). — Les sectes *thaumaturgiques* attendent le salut, la santé, d'un sauvetage direct et miraculeux de Dieu (Antoinisme, fidèles de Mahikari). — Les sectes *réformistes* enfin proposent une réforme du monde par la réforme volontaire de la conscience (Quakers). — Tandis que les sectes *utopistes* la voient au terme d'une reconstruction de la société à partir des seuls principes religieux (Amis de l'homme, Bahaïs).

Ces classifications sont fragiles, car le phénomène sectaire, qui revêt déjà une grande variété de formes, porte en lui-même une propension à variations infinies. Les groupes évoluent. Certaines formes de Pentecôtisme sont devenues très proches du Catholicisme dans le Renouveau charismatisque. Des mouvements nés en Inde et dans la tradition védique comme la Méditation Transcendantale ou les Néo-sannyas sont devenus des mouvements de Développement du Potentiel Humain, abandonnant quasiment toute référence religieuse. Les limites entre les dénominations s'estompent ainsi aussi vite que les frontières entre les pays, d'où une sorte de marché-commun du religieux, fluide et mouvant. De plus, la prolifération sectaire est marquée globalement aujourd'hui par une forte connotation « gnostique ».

Un nouvel élément : le réveil des « gnosticismes ». — Le « gnostique », au sens large du terme est celui qui *connaît* parce qu'il a eu une révélation. Et c'est par cette connaissance qu'il serait *sauvé*. Il ne « croit » pas, car la foi, à ses yeux est inférieure à la connaissance. Il « sait » parce qu'il est un initié.

Or, dans l'ensemble des surgissements que nous venons de décrire globalement on peut distinguer avec R. Bergeron[4] deux grands ensembles :

— Les groupes qui s'inspirent du fonds doctrinal judéo-chrétien et se réfèrent essentiellement à la Bible : Jéhovistes et Mormons, Science chrétienne et Eglise universelle de Dieu.

— Les groupes qui offrent des amalgames syncrétistes puisant à la fois dans les religions d'Orient, la Tradition ésotérique et les recherches contemporaines sur l'élargissement de la conscience. Dans ce second ensemble, le fonds judéo-chrétien est remodelé, adapté, réinterprété, pour entrer dans des synthèses fort variées mais porteuses du même air de famille. De tendance plus « mystique » que « sectaire », ces groupes constituent une nouvelle gnose, résurgence du gnosticisme ancien. Théosophie, Anthroposophie, Rose-Croix, Fraternité Blanche Universelle, Mouvement du Graal, Ordre martiniste traditionnel, Nouvelle Acropole, Scientologie, Atlantis, Métanoïa, Penser nouveau, et aussi les groupes autour du Spiritisme, autour des Sciences noëtiques (ou : de la Pensée), autour des Sciences cosmiques et d'extra-terrestres, autour du « développement du potentiel humain ».

Ces mouvements foisonnants et divers sont caractérisés par un ensemble d'attitudes, de formulations et de pratiques voisines par-delà les différences apparentes. Recherche de l'Illumination salvatrice, de la Connaissance totale considérée comme supérieure à la foi et la raison : « Nous vous révélerons les mystères du monde », promettent les Rose-Croix. Affirmation

---

4 *Le cortège des fous de Dieu*, Montréal, Editions Paulines, 1982.

d'une continuité entre l'homme et Dieu, tous deux taillés dans la même étoffe ; on pourrait même atteindre le divin par l'accession aux « états supérieurs de conscience ». Techniques d'éveil spirituel transmises par initiation, pour libérer ce fragment du divin cosmique qui est en nous.

Le gnosticisme est un type particulier de religiosité qui resurgit spontanément à toute époque, spécialement sur les bords du Bassin méditerranéen et en Europe, aux périodes de grandes crises du sens. Nous sommes présentement en pleine résurgence. Ce qui explique le classement que nous proposons maintenant.

Un classement pratique. — Dans une typologie opératoire, en l'état actuel de la conjoncture religieuse, on pourra classer les groupes et courants en trois ensembles principaux :

1) *Les sectes d'inspiration judéo-chrétienne*, caractérisées par le recours à la Bible, l'attente imminente de la fin des temps, l'inspiration de l'Esprit.

2) *Les groupes d'inspiration orientale* s'enracinant dans le fonds commun de l'hindouisme et du bouddhisme, parfois dans le soufisme islamique. Centrés sur l'expérience mystique, organisés autour d'un Maître détenteur de la connaissance libératrice, ils visent à permettre au Soi de se réaliser en remontant vers la Source cosmique, le Principe de l'être.

3) *Les groupes et courants de type gnostique, « mystique »*. Ils prennent leur inspiration dans les deux ensembles précédents. Mais ils puisent surtout dans la Tradition parallèle d'Occident, — cet ensemble de croyances et de pratiques qui s'est maintenu parallèlement à l'enseignement officiel des Eglises (comme l'a fait le Vaudou dans les Iles), — dans l'ésotéro-occultisme. Ils le font dans un esprit éclec-

tique et syncrétiste. Ils se réfèrent eux aussi à la Bible. Mais en la relisant à la lumière de leurs propres interprétations. Leur « Jésus » par exemple est le Maître, l'Initié, l'Eveilleur, une manifestation particulière du principe christique cosmique universel, et non le Fils de Dieu.

Ces trois univers de sens se monnaient en une multitude de groupes aux interférences subtiles. C'est la classification que nous adopterons pour pénétrer progressivement le maquis des sectes.

A l'origine de la secte : une protestation. — Revenons aux dissidences issues du Christianisme occidental. On décèle à leur origine une double contestation de la société et des Eglises[5]. Cet aspect protestataire les différencie pour une part des nouvelles sectes venues d'Orient. La Mission de la Lumière divine de Guru Maharaj Ji, par exemple, se rattache à l'Hindouisme. Or, celui-ci n'est pas une religion centralisée et hiérarchisée comme le Christianisme. C'est un courant religieux qui rassemble des expériences culturelles fort diverses. Il n'est donc pas nécessaire de « sortir » de l'Hindouisme pour pratiquer une Voie spécifique. De même la Soka Gakkaï, secte bouddhiste en vigoureux développement au Japon et qui a pris racine en France, se présente comme une école de sagesse qui reprendrait l'enseignement du moine Nichiren (1222-1282) vénéré comme le vrai Bouddha. Elle n'est pas issue de la contestation d'une « Eglise bouddhique » en place, mais d'un besoin de civilisation ponctuel : combler le vide idéologique consécutif à la défaite du pays parallèlement à l'introduction de l'*american way of life* du vainqueur. La dénomination

---

5 Nous avons développé ce thème dans *Croire en dialogue*, Limoges, Droguet et Ardant, 1979.

« secte » recouvre ainsi, en Orient, une réalité sociologique assez différente de celle des dissidences de la Chrétienté médiévale ou moderne qui ont fourni le matériau habituel des études de sociologie religieuse. Ce que l'on appelle au Tibet les « sectes » Nyingmapa, Kagyupa, Sakyapa et Gelupka, représentent simplement des Ecoles du bouddhisme tibétain situées historiquement en rivalité politique.

Le Christianisme au contraire a une histoire bien spécifique dans l'ensemble des grandes religions. Lié très tôt à l'Empire romain, — à partir de Constantin au début du IVe siècle — et donc à son système culturel, administratif et politique, il se centralise fortement dans une Eglise rigoureusement hiérarchisée à l'image du pouvoir impérial. Celle-ci va exercer un contrôle vigilant en matière doctrinale. Toute dissidence dogmatique met en péril la cohérence de l'édifice religieux *et* social. Car la société antique est une société sacrale : l'Empereur représente la divinité ; et l'ordre social est une reproduction de l'ordre divin au même titre que l'ordre de la nature. Toute modification de l'ordre établi, toute contestation est une atteinte à l'ordre social autant qu'à l'ordre religieux ; et *vice versa*.

Aussi n'est pas fondateur de secte qui veut. La mise en question de l'ordre en place ne peut découler que d'une *nouvelle* conception de l'ordre divin, élaborée en général par un homme qui se déclare directement inspiré de l'Esprit. Celui-ci, même quand il prétend à un simple retour aux sources pures de l'Evangile — comme Menno Simons (1492-1559) fondateur des Mennonites, Edward Irving (1792-1834) donnant naissance à l'Eglise catholique apostolique, ou John Nelson Darby (1800-1882) quittant en 1828 l'Eglise d'Angleterre pour créer des communautés « libres » -, va rencontrer immédiatement l'appareil religieux qui gère l'héritage de Jésus-Christ. Et il est conduit à récuser l'autorité sacerdotale et le contrôle doctrinal, à refuser l'organisation ecclésiastique et les rapports de dépendance à l'intérieur de l'Eglise.

Prophètes et réformateurs. — Contestation et volonté de réforme cristallisent ainsi autour d'un leader charismatique ou d'un réformateur en une « communauté émotionnelle de laïcs » (Max Weber) qui essaye de vivre en accord avec la réforme qu'elle appelle de ses vœux, et de faire connaître son message. Mais l'intention des contestataires au départ n'est pas de se séparer de l'Eglise-mère : seulement de la provoquer à réforme.

L'influence du *prophète* sur le groupe tient en particulier à son caractère charismatique. Il apparaît comme un homme doué de forces et de qualités au dessus de l'ordinaire auxquelles ses fidèles attribuent une origine surnaturelle : c'est un envoyé de Dieu. « Le leader envoyé par Dieu créera la Famille idéale et étendra ce modèle universellement » : il s'agit ici de Sun Myung Moon, en qui ses adeptes voient un nouveau messie.

D'autres chrétiens peuvent se trouver eux aussi en désaccord avec leur Eglise (en particulier, sur l'interprétation de l'Ecriture) sans se prétendre pour autant prophètes inspirés. Ce sont des *réformateurs*. Ils veulent apporter une nouvelle compréhension de la doctrine, et donnent alors naissance à un nouveau courant religieux. Ce qui amène en général une scission. Ainsi Charles T. Russel se sépare-t-il d'Adventistes, eux-mêmes issus du Baptisme, en 1874, parce qu'il est désaccord avec eux sur la date de la fin du monde ; il fonde les Etudiants de la Bible (futurs Témoins de Jéhovah). Et Alexandre Freytag se sépare à son tour de ces derniers pour fonder les Amis de l'Homme en 1920, ayant découvert une nouvelle interprétation biblique de l'établissement du Royaume de Dieu ici-bas. Nouvelle scission avec Bernard Sayerce qui fonde la branche française, et avec Lydie Sartre suivie de Joseph Neyrand qui donnent le signal du retour à la terre dans l'espace rural en Lot-et-Garonne.

La contestation sectaire. — Elle porte sur le monopole ecclésiastique de l'accès au surnaturel. C'est un leitmotiv des Témoins de Jéhovah qui identifient l'Eglise à la « grande prostituée » de l'Apocalypse. Moins par opposition aux personnes qu'au contrôle que « prétendent exercer » ses représentants officiels sur les moyens de salut (les sacrements en particulier) et sur l'interprétation de la Parole de Dieu. Aussi, poursuivent les Témoins, « sous peu Dieu leur demandera des comptes : arbre pourri, la Chrétienté sera bientôt coupée et détruite comme par le feu ».

En Occident en effet, le Christianisme s'est constitué en tant que religion par une précision très stricte de la doctrine, exprimée dans les formules rigoureuses du Credo. L'adhésion sans équivoque de tous les croyants à ces résumés de la foi était le critère premier de l'orthodoxie des personnes et des groupes. Et depuis les longues luttes de l'Arianisme et le Concile de Nicée (325), l'unité du groupe social chrétien s'est faite et refaite lors de Conciles où l'autorité s'affirmait comme garante de la rigueur du corpus doctrinal et de la validité des pratiques éthiques et liturgiques. Ce qui explique, sans la justifier, son intolérance par rapport à ses propres dissidences, le pouvoir ecclésiastique allant jusqu'à faire appel au bras séculier pour juguler les Albigeois et les Camisards. Les formules du Credo ont en effet, dans cette perspective, un caractère normatif absolu comme point de référence de l'appartenance au groupe-chrétien, identifié au groupe-social en son entier.

Le Concile Vatican II, dans l'Eglise catholique, a ouvert récemment la voie à une conception plus souple des relations avec ceux qui croient autrement. Les perspectives nouvelles de l'œcuménisme, des Déclarations sur les relations avec les religions chrétiennes et sur la liberté religieuse ont tracé analogiquement des voies un peu nouvelles pour les relations avec les dissidences.

Note : les Réformateurs. — Les chrétiens réformateurs, « protestant » vigoureusement contre l'abandon des valeurs évangéliques qu'ils croyaient percevoir dans l'Eglise du temps, ont toujours existé au cours de l'histoire du christianisme, même avant la Réforme du XVIe siècle. La plupart situaient cet abandon au IVe siècle, avec Constantin, quand l'Eglise reconnue comme religion d'Etat s'était laissée aller — disaient-ils — à toutes les compromissions avec les pouvoirs séculiers.

Mais comment rendre compte alors du temps qui sépare la secte réformatrice, de ce moment où l'Eglise en place aurait abandonné l'Evangile des temps apostoliques ? Que représentent à leurs yeux les Eglises ayant vécu dans l'entre-deux ?

C'étaient, expliquent-ils, des institutions complètement perverties, même si quelques groupes fidèles demeuraient, souvent persécutés par l'Institution. Aussi faut-il repartir à zéro, par-delà la grande parenthèse d'apostasie. Revenir à la source, c'est-à-dire à la base absolument indiscutable de la seule Bible et de la seule foi en Jésus. Chaque non-conformisme chrétien l'affirme avec force : Anabaptistes et Quakers, Disciples du Christ et Témoins de Jéhovah, Néo-Apostoliques et Assemblées de Frères.

Cette nostalgie des origines — qui aboutira à un émiettement de fait - est alors vécue comme une recherche de l'unité : par le retour à l'Ecriture, « sans rien y ajouter ni retrancher » qui devrait, dans l'esprit des réformateurs , éteindre toutes les divisions entre chrétiens. Nostalgie d'unité qui pousse par exemple le jeune Joseph Smith dans cette première moitié du XIXe siècle en Amérique du Nord où les multiples dénominations — baptistes, méthodistes, shakers, presbytériens, — se disputent sous ses yeux le monopole de la Vérité, à proposer sa propre révélation : celle de Dieu lui-même qui l'invite instamment à ne se joindre à aucune d'elles, et qui lui conférera en 1829 la Prêtrise d'Aaron et de Melchisédech, lui donnant ainsi l'autorité nécessaire pour restaurer quelque temps après l'Eglise primitive : « l'Eglise de Jésus-Christ des Saints des Derniers Jours».

II — Pourquoi le foisonnement actuel des nouveaux mouvements religieux ?

Un problème de société. — Pourquoi les gens vont-ils vers les sectes, dans un mouvement général qui affecte les cinq continents si l'on en croit les rapports établis en 1986, d'une part par le Vatican au terme d'une longue enquête mondiale, d'autre part par le Conseil œcuménique des Eglises et la Fédération luthérienne mondiale ?

Les raisons particulières énoncées par les observateurs relèvent d'un contexte plus général. Les sociétés industrialisées sécrètent en effet des strucrures dépersonnalisantes qui engendrent des situations de crise au niveau individuel et collectif. Ces situations font alors apparaître des aspirations, des besoins que les sectes disent pouvoir aisément combler. Ce sont, écrit le document romain, « autant d'expressions de la recherche humaine d'intégralité et d'harmonie, de participation et de réalisation à tous les niveaux de l'existence et de l'expérience humaine, autant de tentatives pour rejoindre la quête humaine de la vérité et de la signification, la recherche de ces valeurs constitutives qui à certaines époques de l'histoire (collective aussi bien qu'individuelle) semble être occultées, détruites ou perdues, par des personnes qui sont bouleversées par un rapide changement, un stress accentué, la peur »[6].

A ces aspirations, les sectes semblent alors donner satisfaction au plan affectif et intellectuel, mais « en répondant souvent aux besoins affectifs d'une manière telle qu'elle obnubile les facultés intellectuelles ».

Des besoins personnels. — Ces besoins qui représentent autant de raisons apparentes de succès, sont multiples. Citons : la recherche d'appartenance ou de communauté, en réaction contre une société dure et dépersonnalisante. Un besoin de réponses précises, facteurs de sécurité dans un monde en mutation rapide où les certitudes traditionnelles paraissent céder sous les coups de boutoir des remises en cause perpétuelles. Une recherche d'intégralité dans une harmonie totale, psycho-corporelle et psycho-spirituelle, qui donnera naissance en particulier à une multitude de groupes de thérapies fonctionnant comme des religions de remplacement. Un besoin de reconnaissance sociale, de participation et d'engagement actif, spécialement dans les couches socialement défavorisées. Une revendication d'identité culturelle, par la promotion de cultes autochtones, notamment en pays de Tiers Monde. Une quête de transcendance et d'expérience religieuse per-

---

[6] « Le phénomène des sectes ou nouveaux mouvements religieux, défi pastoral », rapport du Vatican présenté par J. Vernette in *Les sectes et l'Eglise catholique*, Paris, Cerf, 1986.

sonnelle directe, inassouvie dans une civilisation hautement technicisée qui semble avoir perdu son âme. La recherche d'une direction spirituelle et d'un chef charismatique pour « tenir la route ». L'aspiration à une vision positive de l'avenir, comme un « nouvel-âge » du monde, quand la peur collective grandit avec la violence, les conflits armés, les perturbations de la planète.

De nouveaux objectifs pour la contestation sociale. — L'échec du mouvement de contestation des années 60, culminant en France avec Mai 68, a invité par ailleurs les déçus de la contre-culture à se lancer dans l'aventure de la construction d'une société nouvelle par de nouvelles voies. Le mouvement a été alors récupéré progressivement par les nouvelles sectes proposant à ces jeunes, dans ce creux idéologique et cette béance psychologique, à la fois la même rupture avec le « système » social en place et un cadre sécurisant, une vie chaleureuse et disciplinée réintégrant les valeurs d'ordre de la société globale. Les Enfants de Dieu naissent dans les milieux hippies de San Francisco autour d'un ancien pasteur méthodiste qui veut « porter le vrai message de l'Evangile à la jeunesse désillusionnée, droguée et révoltée des Etats-Unis ». Ils se présentent comme des « nomades révolutionnaires qui ont rejeté la vieille génération perdue pour apporter une nouvelle religion à une nouvelle génération ».

La plupart des nouveaux mouvements religieux proposent ainsi un idéal mobilisateur à réalisation immédiate : « Si la transformation de ce monde est impossible en l'état actuel, la venue du Royaume de Dieu sur terre demeure à portée de vos mains, de votre courage et de votre engagement ». Les projets de société, les actions concrètes pour sa transformation ne manquent pas. Après le Baha'isme proposant de constituer une communauté mondiale dans laquelle il n'y aura ni nation ni classe (« Vous êtes tous les fruits d'un même arbre, les feuilles d'une même branche, les fleurs d'un seul jardin, les gouttes d'un seul océan »), voici la Méditation transcendantale inaugurant sereinement en 1976 le Gouvernement mondial de l'Age de l'Illumination. Et Mahareshi Mahesh Yogi d'envoyer des commandos de méditants dans tous les points chauds du globe pour faire tomber les tensions et ramener la paix. Après l'idéal de vie saine présenté par les Adventistes et leur Plan de désintoxication du tabac, ou les Mormons et Quakers avec leur programme d'alimentation équilibrée, voici le végétarisme des « prémies » de Guru Maharaj Ji et le végétalisme des dévots de Krishna. Chaque mouvement propose son chantier altruiste : Narconon contre la drogue chez les Scientologues, Home Church pour le service des familles déshéritées chez les Moonistes.

Un climat d'attente inquiète et d'apocalypse. — Le climat actuel d'attente inquiète de quelque apocalypse prête à fondre sur notre pauvre monde, favorise de même le foisonnement de nouveaux groupes religieux.

A chaque période de l'histoire, il est des séries de catastrophes en tous genres. Mais ce siècle apparaît aux yeux de certains comme particulièrement frappé. Cataclysme des 55 millions de morts de la deuxième guerre mondiale, génocide cambodgien et famines du Tiers Monde, catastrophes industrielles de Seveso, Bhopal et Tchernobyl, conflits et révolutions fruits de la guerre froide, menace permanente et immédiate d'une guerre nucléaire et finale : « Considéré globalement, cet ensemble disparate de malheurs engendre la peur et suggère l'idée d'un grand bouleversement en marche ».

Cette sourde angoisse explique le succès des mouvements « eschatologiques », qui spéculent sur la fin du monde prochaine et l'avènement d'une ère nouvelle. Le développement continu des Témoins de Jéhovah est lié à leur annonce de la fin du « présent système de choses mauvaises ». Des évangélistes s'appuyent sur son immédiateté pour activer la conversion des gens. Des micro-groupes « catholiques » font état de prédictions de voyants : San Damiano, Garabandal, Dozulé. Certains se préparent concrètement aux temps apocalyptiques en retournant à la nature, non polluée, tels les Enfants de Dieu ou, en France, des communautés néo-rurales de Mai 68 et des groupes religieux comme Saint-Erme.

D'autres pensent que l'humanité, à l'aube du passage de l'Ere des Poissons à celle du Verseau, est sur le point d'entrer dans un « Nouvel Age » du monde marqué par de profondes mutations psychiques. Ils fondent des communautés écolo-cosmiques comme Findhorn. Ou des gnoses comme la Fraternité Blanche Universelle et une multitude de groupes ésotériques. Des mouvements orientaux annoncent l'entrée vers la fin du siècle dans le Kali-Yuga, l'âge de fer qui sera suivi d'une dissolution totale de l'univers. Et l'approche de l'an 2000 réactive chez plusieurs le mouvement de panique que l'on a voulu attribuer aux « terreurs de l'an mil » (au Moyen Age). Des groupes intégristes s'appuyent sur le « troisième secret de Fatima »[7] pour menacer des châtiments du ciel ceux qui ne pensent pas comme eux, et des illuminés transmettent périodiquement des « messages de la Vierge » pour annoncer la guerre finale.

---

7 Le « troisième secret de Fatima » se fonde sur des apparitions reconnues de la Vierge à des enfants de Fatima (Portugal) au cours de la première guerre mondiale (1917). Elle leur communique un message dont les papes jugèrent bon de ne pas révéler l'intégralité jusqu'en 1967 où Paul VI en donna la substance lors d'un pèlerinage sur les lieux, à savoir : crise à l'intérieur de l'Eglise et risque d'un conflit mondial sans précédent.

Chacun des nouveaux mouvements propose alors une alternative à l'anéantissement prédit, ou tout au moins des moyens pour le traverser sans dommage. Pour les dévôts de Krishna, il suffirait de chanter le mahamantra de 18 mots « Hare Krishna » : c'est un « agent spirituel de purification pour traverser l'océan de ténèbres du Kali-Yuga, car Dieu et Son Nom ne diffèrent pas ».

Cette purification, l'Association guérisseuse Sukyo Mahikari — « art de purification » soutenu par une doctrine spirituelle — la propose dans ses dojos aux initiés (ou Kumités) : c'est Okiyomé. L'humanité serait entrée en effet dans le temps des grands cataclysmes, l'âge du Baptême du feu prédit par Bouddha, qui précède et prépare la purification définitive de la terre d'où surgira une civilisation nouvelle.

Le thème du « Nouvel Age » est commun à un grand nombre de nouveaux mouvements religieux. C'est devenu une utopie mobilisatrice qui s'exprime à la fois à travers quantité de « réseaux » associatifs, et dans une production éditoriale abondante, spécialement en milieux anglophones et germanophones.

Le déplacement du sentiment religieux. — La multiplication des sectes s'explique aussi par un déplacement du sentiment religieux. Et elle accentue ce déplacement.

Il était un temps, pas si lointain, où parler d'expérience religieuse signifiait faire référence à une certaine relation à Dieu, un Dieu personnel dont on entendait parler comme d'un être familier de l'existence quotidienne, dès l'enfance : à l'école du dimanche, au catéchisme ou à la synagogue. Mais la situation n'est plus aussi claire aujourd'hui. Des formes nouvelles de recherche d'un au-delà de l'humain se font jour, beaucoup moins liées à la religion. Quête de la sagesse par la voie du bouddhisme, lequel n'admet pas l'existence de Dieu. Exploration de l'espace intérieur dans une sorte de « ruée vers l'âme »,indépendante de la reconnaissance d'un Dieu personnel.

Le bouddhisme rejoint le désir diffus de certains occidentaux d'acquérir un modèle d'explication de l'univers, d'expérimenter la sérénité, de trouver à la fois une contre-culture et une mystique. Les voies de libération proposées sont le fruit d'une sagesse immémoriale qui s'exprime en techniques de perfectionnement intérieur, de concentration et de méditation. Il n'est qu'à voir le succès du Zen en Europe.

On a le sentiment par ailleurs qu'au niveau de toute une génération, on est passé de l'attitude d'adhésion sans problème à celle de recherche sans arrêt : du « discours » au « parcours ». C'est le primat de l'expérience religieuse personnelle sur le dogme objectif et collectif. On est « soi ». On est chercheur. La question religieuse n'est pas résolue et réglée une fois pour toute, ni en un sens ni dans un autre. C'est une aventure ouverte, un lieu des possibles, un champ de découverte et d'invention. D'où le nomadisme religieux qui fait passer sans problème apparent d'un groupe à l'autre.

C'est que le vécu est sacralisé et l'institution relativisée. On veut aller y voir par soi-même. Toute vérité constituée est subordonnée à l'authenticité d'un vécu actuel.

Ces déplacements sont particulièrement sensibles chez les jeunes fidèles de religions importées d'Orient. Pour l'Inde, la religion est en effet affaire d'expérience et non de dogme. « Le goût de la pomme ne peut être connu que de celui qui la mange...» Et le noyau de l'expérience spirituelle, c'est l'unité profonde avec l'absolu. Ce que l'Inde cherche dans sa quête, c'est une spiritualité, non un credo ou une doctrine. Son approche largement accueillante est sans exclusive, ce qu'apprécient beaucoup de personnes aujourd'hui. Cette génération est sensible par ailleurs à l'expérience directe, sentie, vécue. Guru Maharaj Ji ne propose pas de doctrine, mais l'expérience d'une certaine « vibration », de la « petite flamme blanche » : la « lumière divine ». De même le Sidda-Yoga, Sri Chinmoy, Bhagwan, les Brahma-Kumari, offrent la rencontre directe, expérimentale, du divin par la méditation.

Dernier déplacement du sentiment religieux : du notionnel à l'émotionnel. L'irrationnel chasse le rationnel. Les groupements religieux « chauds » proposent ainsi l'expérience directe d'une rencontre de Dieu immédiate, sensible. Dans la prière commune scandée de : amen ! alleluia ! au rythme des guitares. Ou dans la contemplation collective du soleil levant. C'est une boulimie de sacré et de rites à l'état pur. Une sorte d'appétit sauvage qui pousse à la recherche d'« états supérieurs de conscience ».

La recherche du label scientifique. — Chose surprenante, à côté de cette boulimie d'irrationnel, les nouvelles religions manifestent un désir ardent de label scientifique. Comme une sorte de passage obligé pour avoir droit à une reconnaissance sociale officielle. « On est contre la science scientiste, mais à cause du prestige de la science il est impossible en ce siècle de ne pas la singer, fût-ce de bonne foi »[8].

La présentation par la MT de ces techniques fait appel à une démonstration qui se veut rigoureusement scientifique, par l'utilisation abondante de graphiques, courbes, statistiques, schémas bio-chimiques. Même recherche de preuves scientifiques de sa validité par la Dianétique, arme lourde de l'Eglise de Scientologie, qui se définit comme une « *Science* de la Connaissance ».

---

8 *Etudes*, janvier 1985, p. 93.

L'Eglise de l'Unification patronne des activités internationales dans le monde des scientifiques de renom, telle la « Conférence pour l'Unité des Sciences ». Et à un niveau plus proche de la science-fiction, Raël relit la Bible dans la perspective des réalisations techniques contemporaines.

Universalisme et syncrétisme. — Les cultes s'universalisent et le pluralisme religieux s'étend. Les groupes anciens tels les Témoins de Jéhovah, les Mormons, les Pentecôtistes, ont déjà acquis une dimension mondiale. Plus typique est la contamination entre les cultes locaux et les religions importées : le Vaudou à Haïti, le Cao-Daï et le Teuri-Kyo en Asie, le Candomblé, l'Umbada et le Harrisme en Afrique noire. Les quinze mille sectes « chrétiennes » d'Afrique regrouperaient actuellement près de trente millions d'adeptes. L'ouverture de l'Afrique à la modernité a ébranlé en effet les anciennes structures de la famille et du clan. Les « Eglises indépendantes » ont été par ailleurs un des lieux d'opposition aux régimes coloniaux, et elles ont pris en compte la revendication d'identité culturelle, d'africanité. Dans les villes elles ont offert un accueil plus chaleureux aux émigrés ruraux. D'où leur succès.

La tentation syncrétiste est latente. Plusieurs pratiquent la double appartenance : anthropologues, rose-croix, disciples de Mahikari *et* chrétiens. Plusieurs mouvements affirment faire la synthèse de toutes les religions les ayant précédé, dont ils seraient l'ultime point d'aboutissement. La Foi universelle Baha'ie a représenté au siècle dernier un exemple type de ce projet : « L'enseignement de Moïse fut le bouton, celui du Christ la fleur, l'enseignement de Baha'u'llah est le fruit », car « il accomplit les promesses de toutes les religions ». En 1954, le Rév. Moon fonde l'Association pour l'*Unification* du Christianisme mondial. Dix ans après, Sri Chinmoy, disciple d'Aurobindo, quitte son Inde natale pour les Etats-Unis où il crée, à partir de l'onu, des centres de méditation qui ont essaimé depuis en Europe.Et des mouvements de plus en plus nombreux, tout en soulignant avec force l'originalité de leur enseignement, s'affirment investis de la mission historique de réaliser l'unité de toutes les religions et de toutes les races, spécialement la synthèse entre l'Orient et l'Occident : à la veille de l'entrée dans l'Age du Verseau qui est celui de l'universalité et verra l'épanouissement de la future religion mondiale.

Chapitre II

LES GROUPES ISSUS
DU TRONC JUDÉO-CHRÉTIEN

Il ne saurait être question d'analyser dans le détail les 250 à 300 groupes que l'on peut dénombrer en France et dans les pays occidentaux : ce serait l'objet d'une encyclopédie. Dans le seul Hexagone, 800 nouveaux groupes spiritualistes sont déclarés chaque année au *Journal officiel*. Nous nous attacherons simplement à présenter les plus répandus, en étudiant de manière approfondie huit des plus significatifs. Voici d'abord les groupes issus d'une lecture particulière de la Bible.

I — Les millénarismes

Un climat d'attente inquiète et de peur collective, avons-nous relevé, explique pour une part le développement des sectes. Ces mouvements religieux ont en effet retenu de leur lecture de la Bible, en particulier du livre de l'Apocalypse, certaines annonces à saveur prophétique qu'ils prennent à la lettre pour interpréter les difficultés actuelles comme autant de signes de la proximité d'une fin du monde soudaine. C'est le retour des « messianismes » et des « millénarismes ». Que signifient ces deux termes ?

Retour des messianismes et des millénarismes. — L'attente d'un « *messie*, — libérateur qui inaugurera le commencement d'un nouveau royaume après disparition de l'ancien ordre social et de l'ancien cosmos, — est liée habituellement à celle des « derniers temps ». Elle coïncide souvent avec l'inquiétude devant des cataclysmes naturels et des bouleversements sociaux (insécurité, violence). Quand cet ensemble de malheurs se conjugue avec le développement d'une situation d'écrasement, d'injustice et d'impuissance (oppression des puissances colonisatrices ou des exploiteurs, chez les peuples d'Afrique et d'Amérique ; chômage et conditions économiques aggravées, en Occident), elle engendre le sentiment que rien ne pourra plus entraver la dégradation du système en place et que la conflagration ultime est proche, suivie de la libération par un sauveur providentiel et divin. D'où le succès croissant sur l'ensemble des continents de la prédication jéhoviste annonçant comme immédiat le grand conflit d'Harmaguédon suivi du règne théocratique de Jéhovah. D'où l'audience des sectes annonçant la proche arrivée d'un nouveau Messie, comme le Rév. Moon ou Maïtreya le Christ. Ces micro-groupes se multiplient à l'approche du troisième millénaire.

Le « *millénarisme* » (« mille ans », cf. Apocalypse 20, 1-10) évoque alors la durée de la période de bonheur dans l'ordre nouveau qui s'ouvrira après l'écroulement brutal de l'ancien système[1]. D'où le nom de « millénaristes » attribué aux mouvements annonçant la fin du monde. Au Moyen Age, ce furent les surgissements fanatiques de foules de pauvres aspirant à améliorer leurs conditions matérielles de vie. Dans les pays colonisés, ce furent les « mouvements religieux des peuples opprimés » (V. Lanternari) exprimant leur protestation sociale sur un plan religieux par l'évasion

---

[1] Dans les mouvements millénaristes, le salut est toujours : collectif, imminent, total, miraculeux, terrestre. Cf. Norman Cohn, *Les fanatiques de l'Apocalypse*, Paris, Payot, rééd. 1983.

et l'attente d'un nouveau monde où la justice et l'égalité seraient rétablies. Ils remplacent le Christ blond aux yeux bleus des colonisateurs, par le Christ noir aux cheveux crépus des colonisés. Aujourd'hui, ce sont les sectes proposant réponse aux nouvelles frustrations qu'éprouvent certains de nos contemporains dans un système de société récusé qui secrète l'anonymat, le manque de communication et de reconnaissance sociale.

Les « *apocalypses* » (« soulèvement du voile », « révélation » de vérités cachées) préciseraient la date du cataclysme purificateur, par la voix d'hommes gratifiés de visions à certains moments de crise, sous forme de symboles à la fois terrifiants et porteurs d'espérance. Les livres de Daniel et de l'Apocalypse johannique ont toujours hanté les esprits aux époques troublées, et fourni des arguments à chaque secte millénariste pour fixer la date de la Fin du monde avec le retour du Christ, l'extermination des méchants et les mille ans de bonheur. Aujourd'hui ce sont l'Eglise universelle de Dieu, certains Pentecôtistes, Mahikari et de nombreux micro-groupes évangéliques et intégristes. Ces annonces nourrissent l'imaginaire et réveillent en chacun le mythe du Paradis perdu. Mais l'interrogation inquiète sur l'avenir qui anime ces « fanatiques de l'Apocalypse » devient signe de faiblesse quand elle traduit une démission devant des forces supérieures qui infléchiraient inexorablement le destin du monde et la destinée des hommes.

Nous allons étudier un mouvement millénariste des plus actifs et des plus répandus à l'échelle mondiale : le Jéhovisme. Nous regarderons ensuite du côté des Mouvements du Nouvel Age qui représentent un nouveau type de millénarisme en plein développement à la fin du siècle.

Notice 1 — Les Témoins de Jéhovah

Ils sont représentatifs de l'ensemble des mouvements religieux non conformistes issus du tronc judéo-chrétien. Leur porte à porte insistant est un trait familier du paysage religieux en beaucoup de pays. Aussi développerons-nous quelque peu cette notice.

Le jéhovisme, qui se situe à l'origine dans la lignée de l'adventisme primitif, est proche du judaïsme par sa conception de Dieu (celui de l'Ancien Testament) et « fondamentaliste » par sa lecture littérale de la Bible.

Origine. — Fondé à partir de 1874 aux Etats-Unis par Charles Taze Russel (1852-1916), presbytérien, congrégationaliste et enfin adventiste, de Pittsburg en Pennsylvanie (le nom du mouvement est « Watch Tower and Tract Society of Pennsylvania — of New York »). Origine typiquement américaine : un homme d'affaires se consacre à la diffusion de ses croyances, convaincu après un abandon passager de toute pratique religieuse, que le retour de Jésus est proche, invisible au monde mais visible aux yeux du croyant, et qu'il doit en être l'annonciateur . A partir de 1879-1880 des « congrégations » se fondent sous le nom d'« Etudiants de la Bible » (remplacé en 1931 par celui de « Témoins de Jéhovah »). Successeurs de Ch. T. Russell : J. F. Rutherford (1869-1942), N. H. Knorr (1905-1977) F. W. Franz († 1992), M. G. Henshel.

Diffusion. — Un seul objectif, propager la doctrine par l'imprimé et les visites à domicile. D'où un taux d'expansion élevé, chaque fidèle étant un prédicateur. Ils étaient en 1993 4 709 889 « proclamateurs » (et plus de 11 millions avec les sympathisants), soit un proclamateur pour 472 habitants en France, un pour 369 en Belgique, un pour 282 en Italie, un pour 249 au Canada, un pour 54 en Guadeloupe. Progression mondiale : +4,5 % (en France : +2,1 %).

Doctrine. — « Pour être accepté comme un compagnon agréé des Témoins de Jéhovah, il faut adhérer à l'ensemble des vérités bibliques, y compris aux croyances basées sur les Ecritures qui leur sont spécifiques (...). La grande question qui se pose à l'humanité est celle de légitimité de la domination de Jéhovah : c'est à cause de cette question que celui-ci a permis si longtemps la méchanceté (Ezéchiel 25,17). Jésus Christ a eu une existence préhumaine et il est subordonné à son Père céleste (Jean 14,28). Il existe aujourd'hui un "esclave fidèle et avisé" sur la terre à qui "sont confiés tous les intérêts terrestres de Jésus" ; cet esclave est représenté par le Collège central des Témoins de Jéhovah (Matthieu 24,45-47). En 1914, les temps des Gentils ou des nations ont pris fin, le Royaume de Dieu a été établi dans les cieux et la présence annoncée du Christ a commencé (Luc 21,7-24 ; Révélation [livre de l'Apocalypse] 1,15 à 12,10). Seulement 144 000 chrétiens recevront la récompense céleste (Rév 14,1-3). Har-Maguédon, c'est-à-dire la bataille du grand jour de Dieu le Tout-Puissant, est proche (Rév 16,14 ; 19,11-21). Cette guerre sera suivie du Règne millénaire de Christ, qui rétablira le Paradis sur toute la terre. Les premiers à en jouir seront les membres de l'actuelle "grande foule" des "autres brebis" de Jésus (Jean 10,16 ; Rév 7,9-17 ; 21,3-4) ». (*La Tour de Garde*, bulletin officiel de la Société du même nom, 1er avril 1986).

L'histoire du monde. — Depuis 607 av. J.-C. (fin du Royaume d'Israël) Dieu n'était plus représenté. La date charnière de 1914 marque la fin d'une ère (lorsque Satan et les démons ont été précipités sur terre, vaincus par le Christ) et le début de la période ultime de l'histoire humaine qui se terminera avec Har-Maguédon, au cours de *cette* génération. Les

Témoins seront épargnés et régneront dans un paisible bonheur sur terre, avec les sympathisants du Mouvement (les « Jonadabs », les « autres brebis »). Les 144 000 « oints », devenus créatures spirituelles, iront au ciel. Les fidèles des autres religions, les pécheurs invétérés, les responsables des Eglises et des gouvernements (les « loups déguisés en brebis ») seront anéantis complètement par la « seconde mort » (l'âme n'est pas immortelle).

Tout Etat, groupement, société étant l'œuvre du diable, le Témoin ne peut y adhérer ni par le vote, ni par la participation à une association même de bienfaisance, ni par le service militaire ou civil. Il en est exempté parce que relevant d'un autre gouvernement, celui de Jéhovah. D'où le refus de tout œcuménisme et un fort repliement sur le groupe ; mais aussi un désir très fort de perfection morale et de pureté de vie.

La Bible. — L'assurance des proclamateurs se fonde sur une lecture littérale de la Bible qui leur fournit les arguments nécessaires pour « prouver » les thèses du mouvement, régulièrement reformulées et adaptées par le Collège central de Brooklyn (New York). A cet effet celui-ci a élaboré une édition propre à la Société, *Les Saintes Ecritures, traduction du Monde Nouveau* (éd. franç. 1963) dans laquelle les exégètes relèvent unanimement de nombreuses altérations de textes — destinées à appuyer une doctrine préétablie. Pour affirmer la non-divinité de Jésus par exemple, les versets du Nouveau Testament sont infléchis : Jn 1, 1 ; Lc 1, 30 ; Jn 8, 28 ; Tite 2, 13.

Les « Etudes bibliques » à domicile consistent à étudier par demandes et réponses le manuel de base de la Société, *La vérité qui conduit à la vie éternelle* (plus de 100 millions d'exemplaires en une centaine de traductions) — remplacé parfois par *Vous pourrez vivre éternellement sur une terre devenue un Paradis.* Et l'« Ecole du ministère théocratique » est un cours d'une heure où les proclamateurs s'exercent chaque semaine à prononcer un discours sur un thème illustré de « vérités bibliques ».

Mais sous l'apparence d'une grande fermeté, la doctrine jéhoviste connaît des variations notables, l'exemple typique étant la fixation des dates successives pour « la fin du présent système de choses mauvaises » : 1914, 1918, 1925, 1930, 1975, 1986.

Une doctrine fluctuante. — Mêmes variations sur des pratiques tenues pour fondamentales actuellement et qui furent interprétées tout autrement en d'autres temps : l'interdiction de la transfusion sanguine ou des fêtes anniversaires (qui furent acceptées à certains moments), le refus du service militaire (qui n'a pas été toujours objet de veto), l'interdiction de représenter Jésus cloué sur une croix (qui a figuré sur des illustrations antérieures).

Pour assurer la crédibilité de ce message fluctuant, les Témoins utilisent deux procédés que l'on peut illustrer par deux cas de figures. Dans le premier cas, l'échec de la prédication est intégré comme facteur de crédibilité accrue, suivant un processus en cinq temps (J. F. Zygmunt) : — courte période de déception générale ; — réexamen des textes sur lesquels on se fondait et découverte que quelque chose s'est effectivement produit mais *invisiblement*, — reprise de morceaux de prédictions « ratées » pour les faire entrer dans un nouveau schème prophétique, — insistance sur les catastrophes, ébranlements, problèmes du monde présent pour montrer que la Société a toujours eu raison d'annoncer la fin du monde pour bientôt. — Des textes écrits *avant* la prédiction sont alors modifiés pour les faire correspondre à la réalité (le texte d'une brochure antérieure à 1914 annonçant Har-Maguédon pour « *avant* 1914 » est réédité en 1923 après correction du texte en « *après* 1914 »). Dans le second processus, l'erreur devient même une raison supplémentaire de croire, étant le signe patent que Jéhovah vient d'accorder un surcroît de vérité. En effet : « La lumière ne cesse de croître sur le sentier des justes. »

Dieu, Jésus, la Trinité, Jéhovah. — La Tradition chrétienne a tenu depuis les origines que *Jésus-Christ* mort et ressuscité est pleinement homme et pleinement Dieu. Pour les Témoins il n'est ni l'un ni l'autre (aux origines ils reconnaissent cependant sa divinité). Archange Michel avant sa naissance, il est revenu par sa mort à sa condition d'ange et de créature spirituelle. Il n'est pas ressuscité en sa chair et prenait pour apparaître à ses disciples un corps provisoire aussitôt dissous après sa manifestation. Sa mission était simplement d'être « un dieu », porte-parole de Jéhovah. Pour étayer cette doctrine à la fois arienne et docète[2], le jéhovisme doit toutefois gauchir les textes du Nouveau Testament et en cite d'autres hors contexte (Col 1, 15 ; Jn 14, 28 ; 1 Cor 15, 28).

Cette filiation arienne apparaît dans un refus marqué du dogme de *la Trinité* (avec des accents de fanatisme monothéiste proche de certains judaïsmes les plus stricts). Il aurait été inventé au Concile de Nicée (325) en même temps que la filiation divine de Jésus. D'où la mission que se donnent les Témoins de rétablir le culte du Dieu-Unique ; sous son véritable nom, oublié durant des siècles : *Jéhovah*.

On doit noter ici que ce nom n'a jamais été prononcé ni chez les juifs ni chez les chrétiens. L'hébreu ne s'écrit

---

2 L'Arianisme est une hérésie ancienne niant la divinité de Jésus. Le Docétisme niait que Jésus soit mort en son véritable corps physique, sur la croix.

en effet qu'avec des consonnes. Le nom de Dieu révélé à Moïse (Ex 3,14) s'écrivait jhvh Quelques siècles plus tard, les Juifs, par respect pour le nom-sacré, cessèrent de le prononcer et le remplacèrent par d'autres mots, en particulier par Adonaï (« Le Seigneur »). Quelques siècles après J.-C., pour faciliter à un plus grand nombre la lecture de la Bible, des savants juifs (les Massorètes) ajoutèrent des signes aux consonnes pour indiquer les voyelles. Pour le nom de Jahveh, ils gardèrent les consonnes jhvh en y ajoutant les voyelles de Adonaï (a, o, a) : ce qui donna Jahovah ou Jéhovah dans les transcriptions de la Bible à partir du xvie siècle seulement. Récemment les Témoins ont dû modifier leur doctrine sur ce point (*Le Nom qui demeure à jamais*, 1984, p. 10), mais pour le moment maintiennent leur premier discours.

Une organisation très structurée. — Siège du *Mouvement* (ou *Société*) *de la Tour de Garde*: Brooklyn (ny). Groupe de base : la *Congrégation* (jusqu'à 200 membres), qui se réunit dans la « Salle du Royaume » (le « Royaume de Dieu », destiné à préparer un nouvel état merveilleux de l'humanité et qui sera bientôt visible sur la terre, a commencé à gouverner depuis 1914, date à laquelle le Christ a été intronisé au ciel). — La *circonscription* est l'unité administrative couvrant une vingtaine de congrégations. — Plusieurs circonscriptions forment un *district*; et plusieurs districts une *zone*. — Chaque pays constitue une *filiale*, avec un « Béthel », lui-même relié au Béthel du *Collège central*. A chaque instance on trouve des *surveillants* assurant le fonctionnement rigoureux de chaque unité administrative et le contrôle mutuel entre niveaux. — Des *Assemblées* d'un ou plusieurs jours réunissent les fidèles à chaque niveau. Le *Mémorial* — commémoration de la mort du Christ le 14 nisan du calendrier juif

(14ᵉ jour après la nouvelle lune de l'équinoxe de printemps) — est la seule fête jéhoviste ; y communient aux « emblêmes » les seuls membres « oints » (le reste actuellement vivant des 144 000). — Tout Témoin baptisé participe chaque semaine, en sus des Assemblées et de ses études personnelles, à trois réunions ; il doit consacrer 10 heures par mois au minimum à la prédication à domicile. Le *pionnier ordinaire* est un proclamateur prêchant 100 heures par mois (il conduit 7 Etudes bibliques et fait 35 nouvelles visites durant cette période). Les activités sont comptabilisées dans les *rapports d'activités* de la Congrégation (chaque Témoin doit remettre régulièrement son rapport de service). L'organisation centralisée et l'inter-surveillance sont rigoureuses et très poussées. Chaque mois, le bulletin intérieur *Notre Ministère du Royaume*, resserre la cohésion interne.

Un mouvement protestataire. — L'idéologie et la pratique socio-religieuse des Témoins sont celles d'un mouvement protestataire type[3]. D'abord comme « analyseur social ». Par ses prises de position contre le service militaire, la transfusion sanguine ou la théorie de l'évolution, le jéhovisme force en effet les institutions à dévoiler leurs côtés répressifs. « Déviants idéologiques », les Témoins contribuent par exemple à faire apparaître le caractère militariste de certains pays en se laissant emprisonner pour objection de conscience. Ils « dénoncent le système social présent en lui opposant un modèle utopique qui accentue par contraste les défauts du premier. » Par là ils se situent d'une certaine manière dans le courant de la contre-culture des années 60-70.

3 Cf. R. Dericquebourg, *Les Témoins de Jéhovah, dynamique d'un groupe religieux et rapport à l'institution*, Paris-Sorbonne, 1979. Cf. *Conscience et Liberté*, 33/1987, p. 34-44.

Mouvement protestataire ensuite en tant qu'il représente un « groupe eschatologique, millénariste, utopique et radical » dans sa contestation. Il annonce l'âge d'or où, après Har-Maguédon, des défavorisés deviendront les élus. Ce monde idéal est déjà réalisé en ébauche avec l'Association. Chaque Témoin peut ensuite l'imaginer à sa guise.

Deuxième aspect : le jéhovisme présente une conception de la vie religieuse « comportementaliste ». Les fidèles font abstraction de la conscience et de la vie intérieure dans leur attitude religieuse. Celle-ci se définit uniquement en termes de comportements bien repérables. Un vrai Témoin est celui qui tient un registre bien garni d'activités bien définies. La conversion est conçue comme un apprentissage organisé autour de l'acquisition de séquences de conduites à l'aide de récompenses et de punitions. Elle est d'ailleurs programmée sur sept étapes correspondant « à des stades de modification de la conduite du profane s'étalant sur six mois environ. » Aussi les Témoins ne se réfèrent-ils pratiquement jamais à une vie spirituelle. « Ils ne connaissent ni le tourment mystique ni le doute religieux : devenir et être Témoin, c'est avant tout adopter un mode de vie. » Cette conception de la vie religieuse « constitue un des éléments de la rationalité du mouvement et de l'emprise qu'il exerce sur ses membres ». Rationalité qui consiste « dans le modelage d'un individu destiné à réaliser l'objectif d'une expansion continuelle et méthodique de l'association », par la diffusion de l'imprimé. La vie religieuse ne comporte alors ni sentiments ni états d'âme ; mais elle se traduit impérativement en prosélytisme ardent matérialisé par la comptabilisation d'heures de prédication, l'établissement de graphiques et de bilans de vente, tous destinés impérativement « à être dépassés à l'avenir ».

Ce fonctionnement est efficace. Les effectifs continuent à croître mondialement. Le contexte global de crise leur est en effet tout particulièrement favorable.

Notice 2 — Les mouvements du « Nouvel Age »

L'An 2000 et l'Ere du Verseau. — Le thème du Nouvel Age (le « New-Age » d'inspiration anglo-saxonne) est caractérisé par la conviction que l'humanité est sur le point d'entrer, à l'aube de l'ère astrologique du Verseau, dans un âge nouveau de prise de conscience spirituelle et planétaire, d'harmonie et de lumière, marqué par des mutations psychiques profondes. Il verrait le second avénement du Christ dont les « Energies » sont déjà à l'œuvre parmi nous. On peut y voir une forme nouvelle de millénarisme pour l'an 2000.

La doctrine est un syncrétisme de convictions globalement partagées. L'attente d'une nouvelle époque du monde, annoncée par la loi des cycles cosmiques. La réincarnation et la loi du karma. La réalisation spirituelle comme objectif de l'existence individuelle, et l'éveil à une conscience planétaire comme objectif de l'existence collective. La nature divine de la conscience intérieure, et le rôle du corps comme lieu d'intégration au cosmique. Une anthropologie faisant place aux corps subtil, éthérique, astral ; et une cosmologie faisant place aux anges et aux esprits. La croyance à un Christ cosmique animant l'univers comme une énergie subtile, et à l'existence d'« avatars » christiques, tel Jésus, venant guider périodiquement l'humanité vers son destin spirituel.

On perçoit ici encore en arrière-plan, un climat d'espoir et de crainte typique de toute époque de crise, qui engendre à la fois l'attente de la fin de ce monde et le désir d'un monde-autre. Ce jeune courant représente une utopie assez vague pour que chacun puisse y projeter ses propres aspirations religieuses, comme une nébuleuse dense mais aux contours flous.

Les auteurs de référence sont à la fois H. P. Blavatsky, Alice Bailey, Gurdjieff, R. Steiner, R. Guénon, Aurobindo, Krishnamurti, et même Teilhard de Chardin.

« **Harmonie** », « **Vibrations** » **et** « **Mutants** ». — Le vocabulaire s'exprime surtout sur le registre symbolique. Il sert de mot de passe, comme un langage initiatique. On parle : — d'*harmonie*, d'*unité*, d'*amour*, — de *lumière*, d'*ondes*, de *vibrations*, — de *réalisation- de-soi*, de *prise-de-conscience*, de *lâcher-prise*, — de *mystique*, d'*Initiation*, de *connaissance*, — de « *naissance de mutants* », d'apparition de « *Nouveaux Aventuriers de l'Esprit* », de surgissement *d'êtres d'élite* pour « l'Apocalypse qui vient ».

La métaphysique sous-jacente est strictement « moniste » : (il n'existe qu'une seule Réalité). La multiplicité des êtres n'est que la manifestation illusoire (maya) de l'unité substantielle du monde, lequel est d'essence divine. Ce divin se manifeste, par mode d'émanation, dans l'Energie intérieure et cosmique. Le but ultime de la démarche spirituelle consiste en la « réalisation » personnelle par la maîtrise du Soi, éventuellement par l'acquisition des « pouvoirs » : en se branchant sur l'Energie divine qui assure la triple harmonie de l'individu avec lui-même, avec l'humanité, avec le cosmos. D'où l'importance accordée aux techniques d'éveil spirituel et d'exploration de l'espace intérieur, de Dieu et du monde. D'où un ensemble de pratiques, apparemment hétéroclites mais unifiées par cette visée d'harmonisation totale, dans une perspective « holistique » (totalisante) : voies de méditation et médecines de l'âme, yoga et arts martiaux, astrologie humaniste et danses sacrées, maîtrise du corps avec la gymnastique du Taï-chi-chuan et de la nature avec l'art floral de l'Ikebana, écologie et végétarisme.

Des groupes multiples. — Les groupes sont des plus divers. Mais comme tous proposent des itinéraires spirituels pour devenir un « être réalisé » (voire un nouveau « Christ ») on passe assez facilement de l'un à l'autre : — nouvelles *Sagesses* d'Occident : Rose-Croix, Fraternité Blanche Universelle, Graal, Arcane ; — mouvements se réclamant de l'*hindouisme* et du *bouddhisme* et de leurs techniques, tels le Raja-Yoga ou la Méditation Transcendantale ; — groupes de *Développement du Potentiel humain,* de psychothérapie ; — groupes *« ufologiques »* (d'Extra-terrestres).

Leur ambition commune est de proposer la supra-religion mondiale qui marquera l'Ere du Verseau comme la religion babylonienne a marqué l'Ere du Taureau, la religion mosaïque celle du Bélier et la religion chrétienne celle des Poissons. Pour qu'elle arrive plus vite, ils s'appliquent à hâter la disparition du christianisme actuel. Le Nouvel Age sera alors celui de l'Evangile de Jean après l'Eglise de Pierre, du Jésus gnostique après le Jésus des Eglises. Car le Second Avènement christique serait proche. Chacun est convié à réaliser en lui ce Christ intérieur. Et plusieurs se présentent personnellement comme les nouveaux messies pour le Nouvel Age.

Ces mouvements représentent une forme typique de sensibilité religieuse que l'on peut qualifier de *nouvelle religiosité*, et qui revêt bien des traits de la gnose éternelle. Aussi les retrouverons-nous avec les groupes du troisième ensemble. Mais on ne peut leur appliquer la connotation péjorative contenue dans le mot

« secte », car certains sont porteurs d'une recherche spirituelle élevée.

Notice 3 — Autres mouvements millénaristes

Les Adventistes du septième jour. — Insistent sur l'attente de l'Avènement (ou retour) prochain du Christ (en anglais : *advent*), et sur l'observance du samedi comme jour consacré au Seigneur. A leur origne : un fermier de l'Etat de New York, William Miller (1782-1849), et plus tard une femme de grande valeur, Ellen White, « l'Esprit de Prophétie » (1827-1915). Leur doctrine est globalement celle des Eglises de la Réforme qui prennent la Bible à la lettre (fondamentalistes). Ils attachent une très grande importance aux vertus morales, œuvrent pour la réforme sanitaire « qui fait partie de l'œuvre du salut ». Cette Eglise n'est pas une « secte ».

Les Amis de l'Homme. — Sont issus des Témoins de Jéhovah, par leur fondateur en Suisse, Alexandre Freytag (1870-1947), qui dit en 1920 avoir reçu mission d'apprendre aux hommes à connaître la vie éternelle dès cette terre. A sa mort une scission se produit. Un instituteur français, Bernard Sayerce (1912-1963) se présente comme désigné par le fondateur pour lui succéder. Sa secrétaire, Lydie Sartre (1898-1972), prend la suite, et décide du retour à la terre, en choisissant le Lot-et-Garonne pour établir le paradis terrestre, tâche à laquelle se donne Joseph Neyrand († 1981) et ses successeurs. Leur doctrine est une philanthropie colorée d'Evangile (référence qui disparaît chez les « Amis sans frontières » qui leur succèdent en 1986). Les Amis de l'Homme établissent la nouvelle terre qui est le monde de demain (il n'y a pas d'au-delà).

La Croix glorieuse de Dozulé. — Est née d'un message apporté en 1972 à une mère de famille de cinq enfants dans le Calvados, annonçant le prochain retour de Jésus dans la gloire après de grandes catastophes.

L'Eglise universelle de Dieu. — Typiquement américaine, proche du jéhovisme par certains aspects, a été fondée par H. W. Armstrong († 1986). Elle pratique une lecture très fondamentaliste de la Bible. Elle est connue surtout par une émission radio : le *Monde à venir* et une revue gratuite (jusqu'en 1995) : *La Pure Vérité* (8 millions d'abonnés, en sept langues).

Les Mormons (l'Eglise de Jésus-Christ des Saints des Derniers Jours). — Forment une Eglise millénariste à révélation particulière, « instaurée en 1830 aux Etats-Unis par Joseph Smith, jeune adolescent « chercheur » (méthodiste ?) qui reçut « la visite d'un ange ». Celui-ci lui fit découvrir un livre mystérieux racontant l'histoire du Peuple de Dieu en Amérique (où Jésus serait venu) : le *Livre de Mormon*. Rapide développement. En 1896, l'Utah dont 75 % des habitants sont Mormons, devient l'un des Etats-Unis. Leur style de vie est marqué par le respect des valeurs familiales, la rigueur morale et alimentaire, et un sens efficace de l'évangélisation. Avec 9 024 569 adhérents dans le monde, l'Eglise représente le quatrième groupe religieux des Etats-Unis.

II — Les mouvements de réveil

La ferveur initiale d'une religion tend à s'affaiblir avec l'éloignement des origines. Interviennent alors des « réveils » religieux. Dans l'hindouisme, ce furent le Jaïnisme et le Bouddhisme. Dans le Bouddhisme, l'Amidisme et — en un sens — le Zen. Dans le Christianisme, les sectes évangéliques au Moyen Age se dressant contre les clercs et leurs abus pour revenir à la pureté de l'Evangile primitif. Autre réveil, la Réforme ; et aussi la multiplication des dissidences au XVIᵉ siècle : Anabaptistes, Mennonistes, Presbytériens.

Les « mouvements de réveil » au sens spécifique du terme naissent à partir du XVIIᵉ siècle avec le piétisme et l'évangélisme, John Wesley et le Méthodisme, Georges Fox et les Quakers, William Booth et l'Armée du Salut, Edward Irving et l'Eglise Apostolique, John Nelson Darby et les Assemblées de Frères. Le Pentecôtisme issu du Baptisme en est la manifestation la plus récente. Il y a une quinzaine d'années, un réveil spirituel à saveur pentecôtiste s'est manifesté dans le catholicisme à partir de deux Universités catholiques des Etats-Unis. Ce fut le berceau du Renouveau charismatique.

Aujourd'hui les Eglises évangéliques représentent la branche la plus florissante du protestantisme en beaucoup de pays. Elles regroupaient 59,9% des protestants dans le monde en 1980. Et l'on prévoit une progression jusqu'à 74,7% en l'an 2000. Mais leur structure « congrégationaliste » — chaque congrégation locale étant indépendante, directement reliée à l'Esprit, sans la régulation habituelle d'un groupe ecclésial plus large, — a favorisé la naissance de dissidences sectaires tels les Enfants de Dieu, issus eux-mêmes des Mouvements pour Jésus. Nous allons les étudier plus particulièrement parce qu'ils sont typiques des dérives sous-jacentes à tout mouvement à la fois évangélique, millénariste et fondamentaliste. Car ce genre de groupe tend à se multiplier.

L'évangélisme dont ils sont issus (celui-ci insiste sur le salut par la foi et en la personne de Jésus) se marie en effet parfois au fondamentalisme et à certaines dérives du piétisme (qui donne priorité à une religion du cœur, émotionnelle). Cette manière d'être, de penser et de sentir qui s'appuie sur une lecture littérale de la Bible et sur l'assurance d'avoir le monopole de la vérité, accentue certains traits de l'évangélisme jusqu'à le déséquilibrer gravement. C'est alors la prédication intensive du retour tout proche de Jésus après la destruction imminente du présent ordre des choses, une défiance radicale à l'égard de la science considérée comme fille du démon, un refus méfiant des sacrements et des Eglises établies, un désintérêt affiché pour le « monde » et à l'égard des combats pour la justice sociale. Ces déséquilibres font le lit des dissidences sectaires tels les Enfants de Dieu.

Notice 4 — Les Enfants de Dieu (1969) ou Famille d'Amour (1977)

A leur origine, les « Mouvements pour Jésus ». — Ces mouvements sont nés vers les années 60 aux Etats-Unis dans les milieux hippies et d'étudiants, sous le nom de « Jesus-Revolution ». On regroupe sous ce terme générique des groupes forts divers. En premier lieu, les « fous de Jéus » *(Jesus-freaks)* nés sur la côte Ouest et annonçant inlassablement : « Jésus t'aime ! », « Jésus te sauve ! ». C'est dans ces milieux que le glissement en secte est le plus fréquent. En second lieu le « Straight People » (ou : « gens corrects ») qui ne s'oppose pas aux Eglises mais veut les réformer par l'intérieur, tels « Jeunesse pour Christ » de Billy Graham, « Campus pour Christ » de Bill Bright, « Teen Challenge » de David Wilkerson (auteur du best-seller *La croix et le poignard*). En troisième lieu, le « néopentecôtisme » né dans les Universités catholiques de Pittsburg et Notre-Dame.

Une même origine : la sensibilité, les pratiques

pentecôtistes, et le désir d'apporter une solution à certains problèmes angoissants de la société par la révolution spirituelle de Jésus, mais d'un « Jésus » qui devient aussi fait sociologique.

Les « Children of God ». — Sont nés dans les milieux hippies de San Francisco (1968) à l'initiative d'un ancien pasteur méthodiste, David Brandt Berg (1918-1994) qui change son nom en celui de Moïse David (« Mo ») et veut « porter le vrai message de l'Evangile à la jeunesse désillusionnée, droguée des Etats-Unis ». Pour fuir les calamités censées s'abattre sur les Etats-Unis à cause de leurs crimes, ils commencent à s'installer à partir de 1972 à travers le monde en petites colonies. Quelques succès de chansons à la TV les font connaître favorablement au départ en France.

Une doctrine du refus du « monde ». — Rejet absolu du monde qui est corrompu sous toutes ses formes actuelles. *Famille* : « Vous êtes, parents, les plus grands rebelles contre Dieu. Au diable votre système diabolique. » *Education* : « Un aspect de la sorcellerie de la p... pour perpétuer la fornication. » *Libération sexuelle* : « Ce n'est qu'aujourd'hui que les jeunes sont enfin retournés à une attitude normale envers le sexe, grâce à la tolérance de la culture hippie et à l'abondance des expériences dans le domaine sexuel » ; d'où une forme de prostitution pour signifier l'amour de Jésus à tout homme. *Société* : Il faut vivre en marge du système. « C'est le moment de violer l'Amérique. » *Eglises* : « Elles veulent avoir une emprise dictatoriale sur les âmes et en font le commerce. »

Aussi la fin de ce monde est-elle proche. Le diable lui-même en la personne de l'anti-christ, un surhomme, va instaurer la dernière dictature mondiale.

Puis le gouvernement reviendra à Jésus-Christ avec « ses aides évangéliques et ses saints angélisés », c'est-à-dire les Enfants de Dieu eux-mêmes qui vont gouverner la terre, dans un espace rural écologiquement aménagé.

L'organisation est totalitaire : « On est toujours justifié de son obéissance, et puni du refus d'obéir. » Progressivement le « Père David » prend la place de la Bible comme référence unique, en tant que prophète dont la volonté est identifiée à la volonté de Dieu. Mais évolution récente du Mouvement (« La Famille ») vers des comportements socialement plus acceptables.

Notice 5 — Autres mouvements de réveil

L'Armée du Salut, fondée par William Booth (1829-1912) dans l'Angleterre victorienne, est un mouvement d'évangélisation des pauvres (et non une Eglise), à structure militaire, visant « la lutte contre la misère, le vice et le péché ». Sa doctrine est celle de la Réforme. Ce n'est pas une « secte ».

La Communauté internationale des Hommes d'Affaires du Plein Evangile, branche française du « Full Gospell Business Men's Fellowship International » fondé en Californie en 1953 par Demos Shakarian, veut « amener les croyants sans quitter leurs Eglises, à s'ouvrir à la puissance de l'Esprit-Saint », dans la ligne du mouvement pentecôtiste (d'où l'appartenance ecclésiale floue).On ne peut y voir une « secte ».

Les Darbystes,constituent un mouvement de réveil fondé par un pasteur irlandais John Nelson Darby (1800-1882), qui dénonce la collusion de l'Eglise anglicane et de l'Etat, et démissionne pour devenir prédicateur ambulant de communautés libres. Car « le

Seigneur va bientôt revenir ». Son caractère autoritaire provoque une scission entre « Frères étroits » et « Frères larges » (dissidents).

L'Eglise catholique apostolique, mouvement de réveil, est fondée en 1824 par un pasteur écossais Edward Irving. Une dissidence donne en 1863 les Néo-Apostoliques.

On appelle « **Evangéliques** » des chrétiens fondamentalistes pour qui le seul critère de la foi et de la pratique est la seule Bible. Ils sont congrégationalistes (pouvoir à l'Eglise locale), confessants, baptistes par immersion des croyants à l'âge adulte, parfois guérisseurs, charismatiques. Les « Eglises évangéliques libres » sont des rassemblements de chrétiens professants à l'intérieur du protestantisme français.

Les Mennonites, fondés par Menno Simons (1492-1559), représentent une dissidence de l'Anabaptisme (qui suppléait au baptême des enfants par un baptême volontaire des adultes, et refusait toute compromission avec le pouvoir séculier) suscitée par le refus de justifier le recours à la violence.

Les Pentecôtistes constituent un ensemble de mouvements de réveil en pays anglo-saxons au début du siècle, dans la ligne de la Réforme protestante. « Pentecôtiste » est un nom commun exprimant l'importance que tous attachent à la venue de l'Esprit à la Pentecôte, événement toujours actuel. Chaque église locale est autonome, d'où des attitudes diverses par rapport aux autres confessions chrétiennes.

Enfin, **les Quakers** ou « **Société des Amis** » est un mouvement de réveil fondé en 1647 par Georges Fox

(1624-1651), déçu par l'Eglise anglicane, pour un retour à la spiritualité et la simplicité du christianisme primitif. Philanthropes, objecteurs de conscience, ils sont actifs dans l'abolition de l'esclavage et la promotion des libertés, des œuvres sociales, du statut de la femme, de la réforme pénitentiaire.

III — Les groupes guérisseurs

La médecine, malgré l'investissement considérable consenti pour la recherche médicale dans les pays industrialisés, n'arrive pas à juguler toutes les maladies. Aussi quand tout recours humain est épuisé, ne reste-t-il plus, semble-t-il, qu'à attendre une intervention directe de Dieu. Si l'intermédiaire patenté avec la divinité possède en plus le don, le « charisme » de guérison, il trouvera rapidement une nombreuse clientèle potentielle toute disposée à le « suivre », c'est-à-dire à faire « secte ». Aussi les sectes thaumaturgiques sont-elles innombrables, disciples du Père Antoine, du Christ de Montfavet, de Mahikari. Le fondateur, doué au départ de réelles capacités guérisseuses, en est en effet arrivé rapidement à se croire envoyé par les Puissances d'En-Haut. Il fonde alors une religion nouvelle, en empruntant souvent à l'occultisme, au spiritisme, aux sciences parallèles.

Notice 6 — Quelques groupes thaumaturgiques

Antoinisme. — Un mineur catholique belge, Louis Antoine (1842-1912), s'initie au spiritisme dans l'espoir de communiquer avec son fils décédé. Il se découvre des dons de médium, se consacre à ses fonctions de guérisseurs et, pensant avoir reçu une mission divine, rédige *La révélation de l'auréole de la conscience*. Il fonde une Eglise guérisseuse, religion nouvelle faite de spiritisme, de théosophie et d'éléments de christianisme.

Invitation à la Vie (IVI). — Cette Association est fondée en 1983 par Yvonne Trubert pour « aider l'humanité à accéder à l'équilibre et à la paix intérieure ». Gnose chrétienne syncrétiste, elle organise des pèlerinages. Elle se présente aussi comme guérisseuse : « Prier. Aimer. Guérir » ; « il n'y a pas de maladies inguérissables ». Après initiation à l'« harmonisation », on doit pouvoir, comme Yvonne Trubert, soigner les maladies.

Mahikari. — On étudiera avec les mouvements orientaux ce groupe guérisseur japonais en plein développement.

Montfavet (L'Eglise chrétienne universelle du Christ de —). — Eglise guérisseuse fondée par Georges Roux (1903-1981), du village de Montfavet (Vaucluse), père de six enfants, convaincu d'être la réincarnation du Christ ayant mission de réussir là où Jésus a échoué: « Apporter aux hommes de ce temps le bonheur et la santé. » C'est le 25 décembre 1950 que cet inspecteur des PTT en Avignon, qui jouit de dons de guérisseur, se découvre une mission divine. Il enseigne que chacun peut guérir s'il croit en lui, Christ Georges. « Si l'on se trouve en accord avec sa conscience et le cosmos, la maladie n'a pas de prise, et le geste guérisseur en vient facilement à bout. Aussi il est inutile et nuisible de recourir à la médecine. »

Scientistes chrétiens (**Christian Science Church**). — Mme Mary Baker-Eddy (1821-1910), citoyenne des Etats-Unis, pense avoir bénéficié d'une guérison miraculeuse en 1866. Certains attribuent son origine à un « guérisseur mystique », P. P. Quimby, auteur de la théorie de la « Christian Science » suivant laquelle une ferme conviction suffit pour être guérie de ses maux. Mme Baker développe en tout cas cette doctrine et compose en 1876 un gros ouvrage *Science et santé avec la clé des Ecritures*, « clé de la Science divine qui est à la base de l'œuvre de guérison et de salut de Jésus-Christ ». La religion fondée par elle, dans le contexte du protestantisme de la Nouvelle-Angleterre, considère ce livre comme une source supplémentaire de révélation.

Chapitre III

MOUVEMENTS ORIENTAUX, ÉSOTÉRIQUES, GNOSTIQUES

Les groupes de ce second ensemble ne se réfèrent plus à la Bible, mais aux religions d'Orient, à la Tradition parallèle, à l'ésotérisme, aux recherches contemporaines sur le développement de la conscience. Quand ils font référence à la Bible, c'est en la réinterprétant en perspectives gnostiques. Ces mouvements syncrétistes sont en plein développement à l'approche du « Nouvel Age ».

I — Les groupes venus d'Orient

Une « invasion » qui a une longue histoire. — L'invasion actuelle des mouvements orientaux en Occident n'est récente qu'en apparence. L'origine de la séduction de l'Orient sur les Occidentaux remonte à près d'un siècle. La Société théosophique en a posé en effet les bases dès sa fondation à New York en 1875 par Mmme H. P. Blavatsky (1831-1892), aidée du colonel H. S. Olcott (1832-1907). Ils se donnent à l'étude de l'ésotérisme, du spiritisme, des pouvoirs paranormaux, des traditions religieuses anciennes — mésopotamiennes, égyptiennes —. Quatre ans après ils installent leur centre dans le sud de l'Inde à Adyar, et s'appliquent à donner nouvellement corps à l'hindouisme sur ce continent. Olcott passe à Ceylan et y œuvre pour un renouveau du Bouddhisme Teravada, composant un catéchisme bouddhiste qui a été mis longtemps au rang des livres de référence. Prenant la suite de Mme Blavatsky, Annie Besant (1847-1933) soutient le mouvement nationaliste indien, et parvient à la présidence du Congrès national de 1918.

L'attente d'un « Instructeur mondial » pour le retour du Christ. — Ils développent l'idée messianique de la toute proche apparition d'un « Instructeur mondial », Maître spirituel qui unifiera toutes les traditions religieuse ayant préparé sa venue, et fondera la religion mondiale garante du futur Ordre mondial. On voit que le thème actuel du Nouvel Age a des racines assez anciennes.

Un dirigeant de la Société, Ch. W. Leadbater (1847-1934) choisit en 1909 un jeune adolescent indien particulièrement doué, J. Krishnamurti (1895-1986), pour prendre la direction de ce grand dessein. Il est intensément préparé à sa future tâche. Accompagné de son jeune frère, il se forme en Angleterre, aux Etats-Unis. Il est nommé en 1911 chef du nouvel « Ordre de l'Etoile d'Orient », « pour préparer la voie à l'avènement de l'Instructeur du monde ». Mais il rejette ce rôle et dissout l'Ordre en 1929 : « Aucune religion, aucune secte ne permet d'atteindre la vérité. » Elle est en chacun « qui doit mener son propre itinéraire spirituel sans recourir à aucun maître ou guide ». Jusqu'à sa mort il restera fidèle à cet enseignement qui ne sera pas toujours suivi sans doute parce que trop exigeant. Nombreux sont les « Maîtres » aujourd'hui qui se présentent comme les Instructeurs mondiaux, voire comme le Christ revenu (« Maïtreya le Christ »).

L'Ecossais Benjamin Creme a annoncé son retour à

Londres pour 1977. L'Œuvre de Réintégration christique ou « Vie universelle » le salue comme l'Instructeur à l'œuvre en chacun de nous par la Parole intérieure, spécialement dans sa prophétesse actuelle , Gabriele Wittek (née en Allemagne en 1933). Le mouvement Lifewave (Onde de vie) annonce que le Messie « libérateur de l'humanité », Ishvara, est de retour au Royaume Uni depuis 1975.

A l'origine de ce thème on trouve plus particulièrement l'enseignement d'une disciple célèbre de la Société théosophique, Alice Bailey (1880-1949), fondatrice de l'Ecole Arcane, de la Bonne Volonté Mondiale et des Groupes Triangles. Elle attribuait les nombreux ouvrages qu'elle écrivit à une communication télépathique directe avec un maître du Tibet, Djwhal Khul, vénéré par bien des tenants du Nouvel Age. Ce Maître annonçait lui aussi le retour du Christ.

Un fourmillement de groupes aujourd'hui. — La fascination de l'Orient est donc ancienne. Mais elle s'est réactivée depuis une à deux décennies, dessinant l'un des traits marquants de la nouvelle religiosité.

Le plus grand temple tibétain d'Europe a été inauguré le 20 août 1987 en Bourgogne par Sa Sainteté Kalou Rimpotché, accompagné de 40 lamas. En treize ans à peine de présence sur le sol français où il était inconnu jusqu'alors, le bouddhisme tibétain — celui de l'Ecole Kagyupa dont nous parlons et celui de l'Ecole Gelugpa du Dalaï-Lama — y avaient déjà implanté une soixantaine de monastères ou centres d'études. Des générations de lamas européens s'y forment durant les retraites de trois ans, trois mois, trois jours. Ils disent trouver dans le bouddhisme les réponses à l'angoisse secrétée par le monde moderne, en extirpant les « poisons » intérieurs, les émotions : pour atteindre le calme mental et la « réalisation » qui est l'état au-delà de toute souffrance.

Il s'agit ici de la tradition orientale la plus assurée. Elle s'exprime aussi de manière moins convaincante bien que plus spectaculaire et exotique, avec les dévôts de Krishna psalmodiant dans la rue le maha-mantra « Hare Krishna ». De manière discrète avec les « prémies » de Guru Maharaj Ji recherchant la Connaissance, les méditants de la MT en quête de l'état de conscience cosmique, les adeptes d'un bouddhisme expansionniste japonais représenté par la Soka Gakkaï, les disciples de l'Ordre soufi suivant les sessions de méditation de Pir Vilayat. Et aussi les disciples français d'Aurobindo et les sannyasins de Bhagwan, ceux de l'Ordre du Lotus d'or et les Brahma-Kumaris. Ils ne sont pas tous de la meilleure eau.

Le meilleur et le pire. — René Guénon avait déjà jugé sévèrement la Société théosophique « et ce qui lui tient lieu de doctrine ». Elle n'a, disait-il, « aucun lien de filiation même idéal, avec la Théosophie authentique » et pas plus avec les religions d'Orient. Et Rudolph Steiner s'en était retiré en 1913, récusant ses pratiques spirites et son antichristianisme, pour fonder à compte propre l'Anthroposophie.

Mais la spiritualité orientale, même dégradée en fade croyance adaptée aux goûts occidentaux, a introduit en Occident un certain nombre de concepts et de représentations qui font partie maintenant de la « nouvelle religiosité », telles les notions de réincarnation et de Karma, d'« avatars » du divin et de Conscience cosmique.

Devant cette inflation, on a parlé, d'« invasion » par l'Orient. Il ne faut pourtant pas faire d'anachronisme. Même si aujourd'hui divers groupes arrivent en dynamiques et agressifs missionnaires du Vedanta ou du

Bouddhisme, les mouvements orientaux vinrent d'abord en invités. C'est en 1893 en effet, date importante pour l'histoire religieuse en Occident, que se tint à Chicago, à l'occasion de l'Expostion Universelle, un « Parlement des Religions » qui invita officiellement les spiritualités d'Asie à prendre place et parole. A partir de quoi, l'hindouisme védantique avec Vivekananda, disciple de Ramakrishna, le bouddhisme avec Soyen Shaku, maître de D. T. Suzuki (qui lui-même, en réponse à une invitation, propagea le Zen en nos pays) firent leur entrée officielle dans les milieux intellectuels de l'époque.

La multiplication parallèle des nouvelles religions en Orient. — L'Orient devient lui aussi fertile en nouvelles religions. Le Japon en particulier. On y en a dénombré près de 600 — shintoïstes, bouddhistes, syncrétistes —, qui surgirent au lendemain de la défaite de 1945, dans une période de crise des valeurs spirituelles anciennes et de découverte des valeurs pragmatiques et de consumérisme de l'occupant américain. La Soka Gakkaï représente l'un de ces essais de reconstitution d'une mystique et d'un ordre moral et politique. L'Art guérisseur de Mahikari, qui promet à chacun une existence quotidienne heureuse, harmonieuse et libérée, est typique des syncrétismes modernes empruntant à toutes les sources, spécialement millénaristes et apocalyptiques, dans la ligne du Nouvel Age.

Chacune de ces nouvelles religions se présente non seulement comme pourvoyeuse de salut pour l'au-delà, mais encore comme initiatrice d'un nouvel art de vivre et d'une nouvelle forme de Société pour ici-bas : — la « Troisième Civilisation » de la Nichiren Soshu, qui prendra la suite du Matérialisme et du Christianisme, — l' « Eglise de l'Unification » du Coréen S. M. Moon, qui succédera au Communisme et au Christianisme, — la future « Civilisation spirituelle » de Mahikari, dont les disciples « constitueront les graines ».

Notice 7 — Krishna (association internationale pour la Conscience de —)

Cette secte hindoue se situe dans le courant spirituel de la dévotion (Bhakti-Yoga). Elle se rattache à la tradition des Védas, dont elle assure conserver toute la pureté par la tradition du Bengale. Elle se rattache en particulier à la prédication de Çaitanya (1486-1533) considéré comme une manifestation (un « avatar ») de Krishna descendu sur cette terre pour enseigner la Voie de la dévotion : abandon à Dieu dans le pur amour.

L'aick a été fondée en 1966 en Occident par Swami Prabhupada (1896-1977). En dix ans, il établit plus de 80 centres dans les grandes villes du monde, instruisant ses disciples de la sagesse védique. Ses dévôts se reconnaissent dans la rue à leurs dhotis et saris blancs ou safrans, crâne rasé pour les hommes. Ils chantent 1 728 fois par jour le maha-mantra « hare krishna, hare krishna, krishna krishna, hare hare, hare rama, hare rama, rama, rama, hare hare » (qu'ils considèrent comme un agent spirituel de purification « car Dieu et son Nom ne diffèrent pas l'un de l'autre »). C'est le Sankirtana, pratique indienne très ancienne, moyen pour les dévôts de témoigner de leur foi, d'attirer des conversions, de recueillir des offrandes.

Doctrine. — Elle s'appuie sur les textes sacrés des Védas (en particulier, dans les Upanishads, la Bhagavad-Gita) et s'alimente à la luxuriante mythologie de l'hindouisme. Mais, à la différence de l'hindouisme traditionnel, l'aick enseigne que Krishna est Dieu suprême et unique, personnel (et non pas seulement un avatar de Vishnu). L'homme doit utiliser chaque instant de son existence pour vivre dans la « Conscience de Krishna », en pensant à lui, en lui offrant la nourriture, en révérant les *murtis* (icônes de divinités hindoues, considérées comme l'une des manifestations de leur forme). Et en particulier en dansant ou en récitant (*japa*) sur un chapelet de 108 grains, 16 fois, le mantra de 16 mots qui invoque Hare (la puissance de félicité du Seigneur), Krishna (l'infiniment fascinant), Rama (la source intarissable de toute joie). Ce serait le moyen privilégié de traverser l'océan de confusion dans lequel nous sommes entrés (l'âge noir de Kali).

Mode de vie. — Le bhakta (dévôt) s'abstient de manger viande, poisson et œufs et offre tout aliment à Krishna avant de s'en nourrir. Il ne s'intoxique pas (drogue, tabac, alcool, café, thé), n'a aucune relation sexuelle illicite et « ne perd pas son temps en vaines spéculations ou jeux inutiles ». Sa conception du rôle de la femme par rapport à l'homme est de type oriental. Soumission totale au Maître spirituel duquel on reçoit le savoir védique. Le mode de vie et l'enseignement sont entièrement basés sur les Ecritures védiques, lues de manière littérale, y compris l'enseignement dans leurs écoles aux jeunes enfants.

De nombreux observateurs ont contesté les méthodes du mouvement, en particulier la rupture avec la famille et le danger de dépersonnalisation de jeunes candidats. A la mort du Maître, répartition du monde entre 12 gurus désignés, dit-on, par lui. Les quelques centaines de membres et sympathisants en France ont été fortement ébranlés par la défection en 1986 du guru chargé de l'Europe occidentale. Quelques-uns se sont à nouveau regroupés, en particulier, au château d'Oublaisse (Indre).

Notice 8 — Mahikari (« Lumière de vérité »)

Sukyo Mahikari ou *Sekai Mahikari Bunmei Kyodan*, ou « Organisation pour réaliser une Nouvelle Civilisation par la Lumière de Vérité ». Cette religion guérisseuse et millénariste japonaise est en forte expansion en Europe, en Afrique et dans les Iles.

Origine. — M. Okada (1901-1974), ancien officier japonais puis industriel au bord de la faillite. Il avait adhéré antérieurement à deux mouvements religieux (Seiho No Ie, et Sekai Kyusei Kyo) dans lesquels on retrouve ses enseignements sur la pratique de la purification (le Johrei, ou « Lumière Divine »). Homme religieux, il reçoit le 27 février 1959 la première des 22 révélations du Dieu Su (Créateur) qu'il consigne dans *Goseigen* et *Norigoto*, livres sacrés du mouvement: « Fais-toi connaître, montre le bon chemin à l'humanité ; désormais tu porteras le nom de *Kotama* (sphère de lumière). Lève la main et purifie le monde entier (...). La vie sera chaque jour de plus en plus difficile pour l'humanité ». — Constitution du Mouvement le 18 août 1960. Expansion mondiale. A la mort de M. Okada (23 juin 1974), éclatement en deux successions : — celle de Sekigutchi, successeur désigné par le fondateur, légalement reconnue, — celle de sa propre fille, Keiju Okada, répandue en Europe et en Afrique (Oshie Nushi Sama).

Doctrine. — La Voie de Mahikari comporte un enseignement et des pratiques. Au départ il suffit au futur adepte d'accepter de « recevoir la lumière » et son action thérapeutique. — *Enseignement spirituel :* Kotama est le « Messie pionnier » qui a reçu mission d'unifier toutes les religions et d'« achever l'œuvre de Dieu : corriger et reconstruire le monde » à l'approche de l'apocalypse marquée par le « baptême de feu » dont Dieu va faire naître une « civilisation nouvelle », spirituelle, et le paradis sur terre. Panthéiste, Mahikari ne veut cependant pas constituer une religion nouvelle, mais seulement apporter Ken (santé parfaite), Wa (harmonie), Fu (richesse). — Su est le Dieu suprême, Energie cosmique dont émanent quantité d'autres dieux. — L'homme est composé des corps spirituel (étincelle divine), astral et physique. Il est destiné à jouir d'un bonheur naturel sur la terre, à condition de pratiquer *Seiho*, la loi de justice. — A la mort, le corps spirituel erre en attendant une autre réincarnation (au bout de 2 à 3 siècles). — Dieu a guidé l'humanité par ses messagers : Moïse, Çakyamuni, Jean, Jésus, Mahomet et enfin, mais à un niveau supérieur et unique, Okada. Jésus n'est qu'un homme, fondateur d'une religion. Le vrai Sauveur de l'humanité est Okada, *Sukui Nushi Sama* (sns).

Pratique. — L'« Art de purification spirituelle » permet à un initié (Yokoshi) de recevoir du Dieu Su (Okiyomé) sa Lumière purificatrice et de la transmettre en levant simplement la paume de la main, étant devenu lui-même « canal d'énergie spirituelle ». Il peut tout purifier : à partir du corps spirituel, le corps astral puis le niveau physique, les animaux, les plantes, les objets. Il « diminue rapidement les dettes spirituelles ou karmiques ». D'où transformation profonde des psychismes perturbés ; voire (après fonte et élimination des toxines et transformation des mauvais esprits possesseurs en bons esprits), guérison des malades. En Afrique, Mahikari connaît ainsi un vif succès, rejoignant des traditions culturelles ancestrales.

L'Initiation est progressive. Au premier degré, au terme de trois jours d'enseignement on devient *Kumité*, en apprenant en particulier les formules de prière (en japonais) aux vibrations favorables. L'initié doit alors porter en permanence un médaillon sacré relié directement au Dieu Su et portant inscrits ses symboles :

Omitama. — Les pratiques du Mouvement ont d'autre part suscité des réserves chez certains observateurs.

Notice 9 — Moon.
Association pour l'Unification du Christianisme mondial (aucm) ou Eglise de l'unification
(De nombreuses filiales de l'Eglise existent sous d'autres noms)

Young Myung (Dragon brillant) — qui associe plus tard à son nom les symboles du soleil et de la lune, *Sun Myung Moon* — naît le 6 janvier 1920 dans une famille protestante d'agriculteurs à Sang-sa-ri (dans le nord de la Corée occupée alors par les Japonais). Etudes secondaires à Séoul, où il fréquente une Eglise pentecôtiste. Au matin de Pâques 1936, le 18 avril, il « entend de ses oreilles la voix de Dieu ». Cette apparition de Jésus marque sa mission : réunifier toutes les religions, restaurer le Royaume de Dieu sur la terre après avoir mené les bons à la victoire sur le mal incarné par le communisme athée.

Après des études d'ingénieur en électricité à l'université japonaise Woseda, il retourne en Corée du Nord (1945), où il anime une communauté de type charismatique très vibrante. Etudes bibliques. Prédication fougueuse dans le pays. Premier séjour en prison pour « infraction à l'ordre social ». Deuxième condamnation à cinq ans de réclusion en 1949 pour adultère : il a abandonné en effet sa femme à la suite d'une révélation divine, pour se marier avec l'une de ses fidèles. Il aura ainsi successivement quatre épouses, la dernière étant la « nouvelle Eve », « mère de l'univers », qui forme avec lui le couple des « vrais parents » vénérés par les « membres de la Famille ».

Il est libéré par l'avance des troupes sudistes en 1950. Il fonde l'Eglise de l'Unification en 1951. Sa proposition de réunifier toutes les religions connaît alors un grand succès, car les sectes sont en train de se multiplier à la suite de la guerre. Il rédige *L'explication des principes divins* en 1957, synthèse théologique assez originale (légèrement fluctuante selon les éditions, le message seul étant immuable, mais non sa présentation).

La poussée missionnaire de l'Eglise de l'Unification commence l'année suivante en direction des Etats-Unis et du Japon. Tentatives pour créer un « mouvement œcuménique supra-confessionnel » dès 1966, en multipliant les congrès et symposiums d'associations aux noms et objectifs divers. Mais le Conseil Oecuménique des Eglises refuse toujours d'accueillir l'Eglise de l'Unification en son sein.

On comprend ce refus au regard de la distance doctrinale séparant le moonisme du christianisme. « Les Principes de l'Unification » (autre traduction) sont en effet un essai d'interprétation de l'histoire de l'humanité à la lumière de passages bibliques. Le péché d'Adam et Eve était un péché sexuel. Jésus (« qui ne peut en aucune façon être Dieu lui-même ») a échoué ensuite dans sa mission : fonder une famille, noyau d'une tribu et d'une nation qui aurait à établir le Royaume temporel de Dieu sur la terre. Il est mort prématurément, crucifié, ce qui ne lui a pas permis de prendre femme. « Seigneur du Second Avènement », le Rév. Moon vient achever cette mission, en fondant une famille parfaite, modèle de toutes les familles (d'où les mariages collectifs, pour lesquels le Leader procède lui-même au choix des partenaires).

Sous la conduite des « vrais Parents », ses disciples mènent le combat contre Satan. Les Etats-Unis tiennent une place de choix dans ce Plan de Dieu :

comme la nation sainte, élue pour garantir la liberté dans le monde face à la menace totalitaire et — en particulier — mener à bien la réunification de la Corée — Troisième Israël, nouvelle Terre-promise —, après la victoire sur le communisme.

Style de vie ascétique pour les jeunes adeptes. Climat communautaire chaleureux, prière intense, prosélytisme courageux (ventes dans la rue). A côté des membres à temps plein, des membres associés restant dans le monde. Et grand nombre d'activités (scientifiques, culturelles, politiques) pour rassembler le maximum de sympathisants, préfigurant ainsi l'unité future des nations.

Mais les observateurs : — soulignent le caractère ambigu des méthodes de recrutement et d'« endoctrinement », — sont impressionnés par le nombre de drames familiaux consécutifs aux ruptures exigées avec la famille, — s'interrogent sur la provenance et l'usage des richesses amassées au bénéfice de quelques-uns par le travail des jeunes fidèles, sur leur gestion (le Rév. Moon a été emprisonné pour fraude fiscale aux Etats-Unis en 1986). — Interdiction de l'EU en Israël et en Autriche. Motion de défiance au Parlement européen (1984, rapport Cottrel) et en France (1985, rapport Vivien).

NOTICE 10 — AUTRES MOUVEMENTS
D'INSPIRATION ORIENTALE

Baha'ie (Foi universelle — ou mondiale — Baha'ie). — L'attente du retour du dernier imam d'auprès de Dieu, dans le courant chi'ite de l'Islam, a favorisé les prophéties annonçant son retour. En 1844, en Perse, un jeune marchand (le « Bab » : la Porte) (1810-1850) annonce la prochaine venue du « Grand Educateur universel ». En 1863, un de ses disciples annonce qu'il est ce « Promis de tous les Prophètes » annoncé par le Bab, plus grand que Moïse, Bouddha, Zoroastre, Krishna, Jésus, Mahomet. La nouvelle religion vise à constituer une communauté mondiale, sans classes, à langue et gouvernement universels. — Centre mondial à Haïffa.

Bhagwan (Mouvement Néo-Sannyas de Bhagwan Shree Rajneesh). — Mouvement né autour d'un ancien professeur de philosophie indien, Jaïn (1931-1990), qui ouvrit en 1974 (« vingtième anniversaire de son illumination ») un ashram renommé à Poona (Inde). Autour d'un noyau stable de 300 disciples gravitait une communauté de 2 à 3 000 personnes. En 1981, Bhagwan (« Dieu ») s'est expatrié aux Etats-Unis (en Oregon), d'où il a été expulsé en 1985 pour revenir en Inde. Il renie alors la « religion du Rajneeshisme » et ses pratiques du début : — vêtements rouges, — *mala* (collier) de 108 perles, — nouveau nom, — méditation quotidienne, — voie du tantrisme.

Brahma-Kumari (« Université spirituelle du — »). — Créée en 1937 par Brahma (ou Baba, considéré comme Dieu) « pour une évolution spirituelle améliorant l'homme ». Veut faire advenir la paix dans le monde. Pratique du Raja-Yoga. Ascèse alimentaire. Célibat conseillé. Centre au mont Abu (Rajasthan, Inde). Hindouisme de type Shivaïte. — En 1986, lancement d'un appel mondial : « Le million de minutes pour la paix ».

Guru Maharaj Ji. — La « Mission de la Lumière divine » de Guru Maharaj Ji est une secte mystique hindoue (1950) à l'usage des Occidentaux, tendant à la « connaissance » de Dieu par l'expérience sensible. « Imitation bon marché des maîtres spirituels », disent les orientalistes. — Depuis 1974, rupture de Guru Maharaj Ji avec sa mère et constitution de deux mouvements rivaux. Lui-même a déclaré en 1986 ne plus être l'envoyé de Dieu, ce qui a perturbé ses dévôts. Nouveau nom de ce Mouvement : « Elan vital ».

Soka Gakkaï (Nichiren Shoshu). — C'est un mouvement religieux d'origine bouddhique fortement expansionniste. Les lendemains de la guerre sont en effet pour le Japon un temps de crise. Le pays a été traumatisé aussi bien par Hiroshima que par l'implantation de l'américanisme ruinant la tradition. Un mouvement se dessine en 1950 avec un jeune instituteur, Joseï Toda (1900-1958), et prend un départ fulgurant. Il comporte 3 aspects : religieux (c'est Nichiren Shoshu), philosophique (c'est Soka Gakkaï), politique (c'est le Komeito, troisième partie du Japon). Quelques années après lui succède l'actuel Président Daisaku Ikeda (né en 1928), qui l'implante aux Etats-Unis, en Europe, dans 17 pays étrangers, et fonde la Soka Gakkaï internationale.

Sa doctrine est un bouddhisme non orthodoxe, celui d'un moine du Moyen Age, Nichiren Daishonin (1222-1282), qui vécut au Japon. A la différence du bouddhisme originel qui cherche à restreindre les désirs de l'homme, celui-ci promet la réalisation de tous les désirs par la connaissance du principe éternel qui régit toute chose. La seule doctrine qualifiée se trouverait dans le Sutra du Lotus : *Nam Myoho Renge Kyo* (« Je suis la puissance suprême »). Il faut le réciter très souvent, en tenant les mains paume contre paume sur la poitrine. Par lui on est assuré de ne faire qu'un avec Bouddha et de voir exaucés tous ses désirs. Le support de la méditation est un parchemin consacré (le Gohonzon), vénéré dans la maison, qui porte une figure dessinée par Nichiren Daishonin (le mandala). — Par là, tout homme est capable d'atteindre l'illumination, état de sagesse, vitalité, bien-être. Et la religion apprend le bonheur immédiat qui est le but de la vie, elle fonde le royaume de Dieu ici et maintenant sur terre.

Ainsi convaincue de détenir une vérité d'application universelle apportant le salut total à l'humanité, la Nichiren Shoshu devient prosélyte. De manière agressive parfois. La Soka-Gakkaï (« Société pour la création des valeurs ») qui compte déjà 7 millions de membres au Japon et 2 dans le monde, en est le vecteur. De cette expansion vigoureuse doit naître la « Troisième Civilisation » qui remplacera le Christianisme et le matérialisme, condamnés par leur échec. Mais Nichiren Shoshu renie Soka Gakkaï en 1991.

II — Les groupes issus de l'ésotérisme, de la gnose, des mouvements de développement du potentiel humain

Voici un ensemble apparemment disparate, puisqu'il regroupe aussi bien des groupes de thérapies que des mouvements ésotériques ou des écoles de méditation. Mais un certain nombre de convictions communes les anime. Chacun se propose de fournir les moyens de devenir un « être réalisé ». D'accéder à un niveau supérieur d'existence et de connaissance au terme d'un long cheminement initiatique. De libérer le fragment de divin qui est caché en nous, par diverses techniques psychologiques et corporelles. Ils s'alimentent aux sources des ensembles précédents, la Bible et l'Orient, mais en les remodelant et les truffant de données empruntées à la Tradition ésotérique d'Occident.

Le réveil de la gnose. — L'ésotérisme et les sciences occultes sont à nouveau l'objet d'un vif engouement.

Parallèlement, une multitude de groupes et d'écoles surgissent sous les dénominations les plus diverses, comme une résurgence de la « gnose » (du grec *gnosis*, connaissance). Ils se réfèrent plus particulièrement à un ensemble de maîtres à penser qui les ont remis en honneur depuis un siècle sous forme d'ésotéro-occultisme : Allan Kardec (1804-1869) et le spiritisme, Eliphas Lévi (1810-1875) et l'occultisme, Helena P. Blavatsky (1831-1891) et la Société théosophique. Chaque mouvement, se sentant détenteur privilégié de la Connaissance absolue, se présente comme la nouvelle religion mondiale pour le Nouvel Age qui vient.

Nombre d'indices révèlent l'ampleur du phénomène. La littérature ésotéro-gnostique connaît une progression croissante, où les compilations besogneuses avoisinent les rééditions des textes sacrés et des classiques de la Voie cachée. Plus d'un Européen sur cinq croit à la réincarnation : c'est un thème central de la gnose. On dénombrait en 1986 en France près de 200 groupes et écoles initiatiques ; et au Canada plus de 500.

L'ésotérisme en tant que recherche de la Connaissance cachée, après avoir inspiré le symbolisme à la fin du siècle dernier, a connu un nouvel engouement vers les années 60 avec *Le Matin des Magiciens* (de L. Pauwels et J. Bergier) suivi de la revue *Planète*, au moment où naissaient aux Etats-Unis les mouvements de la « Conspiration du Verseau » (M. Ferguson). Le gnostique est en effet un homme angoissé par sa condition d'être jeté dans l'existence et tout particulièrement quand la société est en crise et en manque de sens, comme aujourd'hui. Il cherche alors la voie cachée pour échapper au monde et à l'angoisse.

Des groupes fort variés. — Les groupes — déjà cités — sont multiples et il ne faut pas les amalgamer tous. Mais il faut aussi citer les autres domaines où s'investit la gnose. Dans les spéculations scientifiques sur le secret de l'univers, avec la Gnose de Princeton. Esotériques, sur la redécouverte des civilisations, traditions et secrets perdus, avec la littérature de l'occulte et de l'étrange. Religieuses, sur « l'authentique contenu du message de Jésus », avec la réédition des évangiles apocryphes. Psychologiques, sur la structure religieuse de la conscience, avec le renouveau d'intérêt pour Carl Jung et Victor Frankl.

Par rapport aux religions en place, ces mouvements s'affirment dépositaires de la Vérité ultime, alors que les Eglises n'en offriraient qu'une approche extérieure et limitée. Ils se présentent comme le cœur même de la religion. On pourrait même rejoindre leurs rangs tout en conservant son appartenance propre. Dans les réunions des Rose-Croix AMORC, chaque adepte est invité à adorer « le Dieu de son cœur ». R. Steiner demande à tout anthroposophe de continuer à pratiquer son propre culte. La Nouvelle Acropole, le Mouvement du Graal affirment : « Nous vous aiderons à mieux pratiquer votre religion. »

Ils se présentent comme les nouvelles Sagesses d'Occident, dont chacune affirme se rattacher à la Sagesse primordiale, source originelle des religions particulières. Il existerait en effet à l'origine une Tradition première, intemporelle. Elle aurait été conservée dans des Centres initiatiques, et autour de Maîtres, dépositaires privilégiés (la plupart des mouvements reconnaissent en Jésus l'un des maillons de la chaîne). Certains se réfèrent à des sources inconnues, des bibliothèques cachées en Egypte, au Tibet, à des secrets réservés à une élite. H. P. Blavatsky, M. Heindel, O. M. Aïvanhov font appel à la symbolique hindouiste et à la mystique égyptienne. La gnose emprunte en effet aux diverses traditions religieuses pour faire des amalgames syncrétistes. Mais chaque Mouvement affirme aussi être le seul à détenir la Vérité totale, la clé de ce qui se cache derrière l'envers de la réalité et qui serait beaucoup plus réel que l'endroit considéré comme une façade trompeuse. Plus vrai en particulier que ce qu'enseignent les religions. Les paroles de Jésus par exemple comporteraient, outre leur sens manifeste, un sens caché accessible à ceux-là seulement qui possèdent les clés d'interprétation.

Une expérience religieuse spécifique. — C'est que les nouvelles religions se croient indispensables à notre temps : Religion *cosmique*, Evangile *universel*, Age de l'*Ultime* Révélation. Parce qu'elles vont permettre de réaliser ce que les religions « officielles » ignorent, vivant à la superficie du réel et du sens caché des Ecritures : l'expérience directe et immédiate de la Conscience divine et cosmique. Cet objectif constitue, plus que tel enseignement secret, la visée commune : offrir à l'homme « une expérience intérieure régénérante et divinisante où il se ressouvient et reprend conscience de son Soi, de sa nature et de son origine authentiques, à savoir le Divin ».

La gnose est ainsi le fait d'un « moi » en quête de son « soi » réel et divin. Il y arrivera, disent les mouvements de développement du potentiel humain et de l'espace intérieur, par l'expérience des différents niveaux de Conscience : jusqu'à l'union avec la conscience cosmique. Car l'homme est un esprit pur par sa nature. La recherche du niveau de conscience le plus profond, c'est l'union avec cette parcelle du divin. Elle consiste en une expérience d'illumination, par laquelle l'initié découvre — comme dans l'hindouisme — : « Je-suis-cela-qui-seul-est ».

Il y aurait continuité entre l'homme et le divin. Tout est un : le monde de l'infiniment petit et le monde de l'infiniment grand — le microcosme et le macrocosme — se correspondent étroitement. « Tout ce qui est en haut est comme ce qui est en bas, et tout ce qui est en bas est comme ce qui est en haut ». La primauté va donc être accordée à l'éveil spirituel, à l'exploration du psychisme, considéré comme une étincelle d'Energie universelle. La Méditation transcendantale promet de l'atteindre par une « plongée » bi-quotidienne de vingt minutes et la récitation d'un mantra choisi en fonction de sa « vibration » propre. L'Association Bonne Volonté mondiale, le Réseau des Triangles, l'Ecole Arcane, mettent en pratique cette communion par un temps de méditation quotidienne, à la même heure, chacun où il se trouve. Pour préparer, selon l'ex-théosophe Alice Bailey, l'avènement du Christ, dernier des avatars, qui doit se manifester bientôt.

Chaque mouvement met alors l'accent sur telle technique ou voie d'intériorisation : la méditation et la concentration, le souffle et les postures, le jeûne et les régimes alimentaires, le chant, la danse et la contemplation d'un mandala, voire l'érotisme d'un Bouddhisme tantrique dissocié de son inspiration mystique — comme chez Bhagwan.

A la différence des groupes issus de la Bible, on ne parle pas ici de *conversion*, mais de passage à *un état supérieur de conscience*. Car « se connaître, c'est connaître Dieu ». Tel est l'objet du travail-sur-soi auquel s'adonne le Rosicrucien dans son Sanctum personnel et devant son miroir : découvrir en lui-même le Christ cosmique qui s'y cache.

Les nouveaux groupes de thérapie : une saveur religieuse. — Peut-être faut-il voir dans cette recherche une manifestation moderne de la conscience religieuse, de la nouvelle religiosité. Elle serait alors caractérisée par le souci d'une expérience directe et intuitive de l'au-delà, de l'Ailleurs. Par la recherche d'une libération intérieure, psychique et psycho-corporelle au départ, qui prend parfois la forme d'une aspiration à la « délivrance » — proche de ce qu'on entend par Salut religieux. D'où l'utilistion courante des techniques orientales du Zen et du Yoga, occidentales des groupes de thérapie. Quand ces dernières fonctionnent comme des religions de remplacement on y décèle sans peine des parentés étroites avec la démarche gnostique : — l'idée qu'un fragment divin (le « Potentiel humain ») est prisonnier des blocages de l'inconscient, et que la pratique du groupe en assurerait la délivrance : — le classement de gens en « parfaits » et « imparfaits » (la Scientologie parle de « clairs » et « préclairs») ; — la conviction que le salut se trouve dans les profondeurs de la conscience, et que le psychothérapeute peut jouer le rôle d'éveilleur et d'intermédiaire, prêtre autant que médecin. D'où la floraison actuelle de groupes de psychothérapie et de thérapie corporelle. Et comme ils entretiennent des liens avec les groupes d'exploration et d'élargissement de l'« espace intérieur », certains prennent l'allure de nouvelles religions.

Notice 11 — Rose-Croix

Ces groupes en fort développement se présentent comme des résurgences de traditions anciennes, immémoriales, ce qui accentue leur séduction en un temps où l'on recherche volontiers ses racines. L'enseignement y est souvent confidentiel et privé, comme une « philosophie » initiatique vivante et pratique (il s'agit souvent d'un ensemble syncrétiste de notions gnostiques et ésotériques). Ils proposent l'acquisition de la Connaissance totale (que les Eglises ne donneraient pas), des secrets de la nature, des mystères du temps et du cosmos, et l'appropriation des « pouvoirs » mystiques et paranormaux — par la transmission des enseignements secrets hérités des traditions religieuses, philosophiques, alchimistes et occultistes du passé. Les différents Ordres estiment en être chacun les dépositaires privilégiés.

L'Association rosicrucienne a été fondée aux Etats-Unis en 1909 par un Danois émigré, Max Heindel (1865-1919). Enseignement dispensé par plusieurs traités de base et des courriers mensuels à trois degrés.

La Rose-Croix d'Or (« Lectorium Rosicrucianum ») est d'inspiration gnostique et cathare.

Le plus structuré est l'**Ordre rosicrucien AMORC** (Ancien et Mystique Ordre de la Rose + Croix). Il se définit comme « Ordre traditionnel et initiatique perpétuant, dans le monde moderne, la formation et les enseignements de la Rose + Croix du passé ». Il fait remonter ses origines : — aux anciennes « écoles de mystères » (de sagesse et de connaissance) d'Egypte vers 1500 av. J.-C., dont il conserve les symboles et l'esprit de géométrie, — à Babylone, d'où son goût pour l'astrologie, — à la Grèce et à Rome, d'où certains termes comme *pronaos, imperator, fratres, illuminati.*

L'Ordre est régi par la loi des cycles périodiques de 108 ans, où alternent périodes actives et périodes de silence. Dernier cycle d'activité : 1653-1801. Descartes, Bacon, Spinoza, Newton, Leibniz, Pascal, mais aussi Franklin et Jefferson, auraient eu des contacts étroits avec la Rose + Croix. La résurgence moderne a eu lieu en 1909, en Amérique, avec Spencer Lewis. D'où l'intense campagne actuelle de promotion (jusqu'en 2017). — L'Ordre AMORC « n'est ni une secte ni une organisation religieuse » disent ses responsables, qui la définissent comme un mouvement philosophique et fraternel s'intéressant autant aux lois et aux principes cosmiques qu'à la connaissance initiatique et traditionnelle. Il vise « à aider ses membres à trouver leur plein équilibre humain par l'acquisition de connaissances et d'une culture enrichissante, et à faire progresser la société ». Une devise : « La plus large tolérance dans la plus stricte indépendance ». Au point de vue religieux, « tout rosicrucien est un croyant », mais suivant sa propre appartenance. — Initiations (au nombre de neuf) à un rituel symbolique « secret » (ou « discret »). Trois degrés supplémentaires pour les Illuminati. Organisation pyramidale bien hiérarchisée, et structuration géographique (loges, chapitres, pronaos). Dans certains pays d'Afrique, l'AMORC contrôle des postes élevés des affaires publiques.

L'Ordre invite chacun à « soutenir sa religion pour qu'elle poursuive sa mission de lumière ». Mais la double appartenance chrétien-rosicrucien apparaît doctrinalement peu compatible. En effet, pour l'AMORC : Jésus, Grand Initié essénien, n'était ni Fils de Dieu, ni ressuscité, ni juif ; Dieu est l'Energie cosmique universelle ; la doctrine de la réincarnation et du karma donne l'explication ultime des fins dernières. On est invité par ailleurs à atteindre par un « savoir » (gnose) enseigné et reçu de manière « confidentielle et privée » une « doctrine cachée » transmise par la tradition des « Grands Initiés ». Alors que le christianisme est un « salut » donné par une Révélation offerte à chaque homme en un message ouvert à tous (et non aux seuls initiés), et transmis par l'Eglise.

Notice 12 — Scientologie (Eglise de —)

L'origine. — L. Ron Hubbard (1911-1986) auteur populaire de romans d'aventures et de science-fiction avant la guerre aux Etats-Unis, publie en 1950 un best-seller, *La Dianétique. La science moderne de la santé mentale* (7 millions d'exemplaires à ce jour). Il fonde en 1954, en Californie, la Scientologie. C'est une école de Psychologie visant à améliorer l'homme spirituellement, à base d'hindouisme, de bouddhisme et d'ésotérisme. Par une méthode nouvelle, elle veut libérer l'homme de l'inconscient de ses existences antérieures, spécialement des images mentales douloureuses, les « engrammes ». Cette sorte de psychanalyse est vérifiée à l'aide d'un détecteur de mensonge, l' « électromètre ». Elle est fondée sur la croyance à la réincarnation.

L'objectif est d'aider les hommes à devenir des êtres « heureux et en bonne forme ». Promesse est faite d'améliorer l'aptitude à communiquer et à agir sur l'entourage, de soulager les souffrances et de construire un monde meilleur. La thérapeutique mentale proposée par la Dianétique se développe par la suite en philosophie religieuse appliquée, puis en religion (nouveau nom en France : « Eglise de la Nouvelle Compréhension »).

La doctrine. — L'homme se composerait de trois parties : le « thêtan » (l'esprit), le « mental », et le corps. Aidé par un « conseiller spirituel » dans les séances d'« audition », l'« audité » devient « clair » (ce concept se rapprocherait de la *boddhi*, l'illumination, en bouddhisme) quand il est parvenu à vider son mental réactif de son contenu. Dans un second stade il doit prendre conscience que la partie immortelle de son être (le thêtan) doit devenir opérationnelle, c'est-à-dire agir sur la matière, l'énergie, l'espace et le temps. Le *thêtan opérationnel* peut quitter son corps à volonté, remplir les missions qui lui sont confiées en n'importe quel point du globe ou de l'espace, et aider les autres à se réincarner dans les meilleures conditions. Il peut agir sur huit dynamiques, d'où le symbole de la croix à huit branches (qui n'a pas la signification de la croix chrétienne) : — la survie individuelle, — le couple et les enfants, — le groupe, — l'humanité, — la nature, — la matière, l'énergie, — l'espace, le temps, — l'Etre suprême. « La Scientologie ne nomme pas un dieu particulier mais elle laisse à chacun la possibilité de le découvrir. » L'homme est fondamentalement bon : « Ce n'est que par ses propres efforts que l'homme peut parvenir au contact avec la divinité. » L'Eglise a ses propres cérémonies « religieuses » : mariages, enterrements, ordinations, avec livres de prière et sermons enregistrés du fondateur. Mais ce caractère « religieux » est fortement contesté par ses adversaires, et parfois peu prisé par certains scientologues.

De vives critiques. — Car la Scientologie est fortement critiquée : — par d'anciens adeptes (« asservissement des autres par la volonté de puissance »), — par des informateurs (« système de guérison ou supercherie ? »), — par des gouvernements (« méthodes nuisibles à la santé, constituant un danger sérieux pour ceux qui s'y soumettent »). D'où des interdictions d'activités passagères en certains pays, et plusieurs actions judiciaires.

Les aspects financiers sont souvent dénoncés. De fait, les chiffres sont éloquents. En 1989 les niveaux 0 à 4 d'Académie de Scientologie — début du parcours — coûtaient 16 500 FF l'un, soit plus de 7 millions de centimes pour le parcours. Pour survivre à la guerre nucléaire il est recommandé de suivre le « Rundown de purification »: 13 750 FF, avec 4 heures de sauna par jour durant 15 jours et des doses de Niacine. Le parcours « St Hill Special Briexing Course » coûtait 9 millions 300 000 centimes. — Les responsables répondent à ces critiques que l'excellence du produit justifie ces tarifs élevés.

Une réaction semble toutefois se faire jour depuis 1983 à l'intérieur même du mouvement contre l'autoritarisme régnant au sein de l'Eglise et ses méthodes trop criticables à l'évidence (cœrcition, prix excessifs).

Notice 13 — Autres groupes dans cette mouvance

AAO (Organisation d'Analyse actionnelle). — Sorte de psycho-secte proposant une forme de vie sociale nouvelle, fondée par le peintre autrichien Otto Mühl. Elle a défrayé la chronique en prônant l'amour libre (« La secte de l'amour libre ») dans une vie de communauté totale visant à détruire les notions de couple et de famille. La technique clé est la sd (Selbst Darstellung), ou « représentation de soi-même », sorte de psychodrame sauvage en groupe. — Une seconde zone, plus large, de centres, ateliers, associations, propose des activités artistiques, psychologiques, de travail de groupe.

Anthroposophie. — Une sagesse, dans un syncrétisme original. Fondée en 1913 par un philosophe et artiste autrichien, Rudolf Steiner (1861-1925). Elle veut favoriser le développement de la pensée, l'affinement de la sensibilité et une conscience meilleure de soi-même. Nombreux centres d'intérêt : la pédagogie (Ecoles Steiner, « eurythmie »), l'agriculture biodynamique , la médecine clinique. Doctrine : une vaste synthèse gnostique qui va de l'occultisme théosophique à la Philosophie de la Nature de Gœthe (mais dans lequel le christianisme est introduit comme de force), ouverte à tous domaines de réflexion.

Atlantis. — Groupe de recherche sur l'ésotérisme et en particulier sur la Tradition occidentale, fondé par Paul Le Cour en 1926.

Bonne Volonté Mondiale. — Association fondée par une ex-théosophe anglaise, Alice Bailey (1880-1949). Les sympathisants méditent quelques minutes chaque semaine (et le *Réseau des Triangles* : chaque jour). L'*Ecole Arcane* pratique la « méditation occulte ».

Communauté des chrétiens. — Née d'un groupe de théologiens de différentes confessions ayant pris conscience des responsabilités des chrétiens en face du risque de désagrégation spirituelle du monde attaqué par le matérialisme. Ils se groupèrent autour d'un pasteur luthérien connu, Friedrich Rittelmeyer. Ils demandent à Rudolf Steiner, fondateur de l'Anthropologie (voir Notice), une série de cours sur les besoins religieux actuels (1921). Ils décident alors de fonder un nouveau groupe.

Ecoovie. — Communauté écologique et utopique fondée par un Canadien, Piel. Se définit comme « un réseau autogéré présentant une alternative globale », commercialisant des produits alimentaires écologiques et pratiquant « le retour à une vie saine et primitive ». Controversée pour des conditions sanitaires douteuses et une vie en ghetto avec travail non rémunéré. Incidences judiciaires. Autres dénominations : Université de la Paix, la Tribu, Vert-Monde, etc. En 1984, début d'une grande marche autour de la Terre, jusqu'en l'an 2000.

Extra-Terrestres — OVNI — (Religions d'-). — Syncrétismes de thèmes de science-fiction et de croyances archaïques affirmant essentiellement : 1) l'existence d'Etres supérieurs : « Il y a quelque part dans le cosmos des Etres qui pensent à nous » ; 2) leur perfection : immortalité, supériorité de l'intelligence (ils ont construit des « civilisations avancées »), omniprésence et omniscience ; 3) leur intervention salvifique : ils veulent aider nos sociétés bloquées. — Pour accueillir leur message et leur venue, il faut élever la conscience de soi à la conscience cosmique. — Divers groupes communiqueraient avec les extra-terrestres par l'intermédiaire d'ovni : Centre d'Etudes Fraternité Cosmique, Cosmicia, Iso-Zen (devenu « Groupe APPEL »), Raëliens ou disciples de Claude Vorilhon, dit Raël (voir Notice).

Fraternité blanche universelle. — Ecole initiatique proposant un ésotérisme syncrétiste dans la suite de l'enseignement du « Maître » Peter Deunov (Biençon Douno). Selon lui, la connaissance des choses de la terre est détenue par : — une loge de savants initiés sur la terre (dont le savoir dépasse celui des officiels), — une loge de Grands Initiés, au soleil, — l'un et l'autre n'étant que des éléments d'un organisme universel d'êtres parfaits qui ont pris part à la création du cosmos et qui maintenant la dirigent sous la conduite de l'Auguste Esprit Divin : « l'Auguste Fraternité universelle ». A cette Fraternité s'oppose une autre loge d'êtres intelligents qui n'ont pas compris le sens profond de la vie et poursuivent des fins égocentriques : la Fraternité noire. — A la mort de Peter Deunov, Omraam Mikhaël Aïvanhov (+ 1986), Bulgare également, fonde sa propre Ecole divine. — L'homme doit reproduire en lui l'univers et en manifester l'harmonie. Au terme, c'est la réincarnation. La FBU veut « favoriser une nouvelle vie de santé, de paix, d'harmonie, de richesse, de création ». Au centre de l'enseignement, le culte du Soleil. Le Christ cosmique est le soleil parce que cet astre est justement cosmique.

Martiniste (Ordre —). — Courant de pensée ésotérique s'originant dans Martinez de Pasqualis (1727-1779) qui écrit le *Traité de la Réintégration des Etres* : on peut retrouver la relation avec le Créateur et réintégrer « le monde » par les pratiques de l'occultisme, spécialement par des cérémonies datées où l'on fait appel aux « puissances intermédiaires ». Louis-Claude de Saint-Martin (1743-1803) continue cette doctrine. Le premier « Ordre martiniste », initiatique, est fondé par le Dr Gérard Encausse (1865-1916) qui prend en 1883 le « nom mystique » de Papus en tant que « Supérieur inconnu ». Eclatement de l'Ordre à sa mort.

Méditation transcendantale. — Maharishi Mahesh Yogi, né en 1918 en Inde, après des études de physique, enseigne la méditation et crée en 1958 un « Mouvement mondial pour la régénération spirituelle de l'humanité », puis lance en 1961 la MT, qui connaît un développement très rapide à partir de la Californie. C'est une technique de méditation et une pratique de relaxation empruntées à l'hindouisme et adaptées au monde moderne. Elle représente l'aspect technique de la « Science de l'Intelligence créatrice » qui étudie le champ de l'« intelligence pure » . Celle-ci serait présente à l'état infini dans chaque individu. La MT va développer ces facultés au maximum. La visée de son « Plan mondial » de 1972 est d'établir un Centre de MT par million d'habitants La M.T. est par ailleurs objet de controverses.

Nouvelle Acropole. — Mouvement fondé en Argentine par Jorge Livraga (né en 1930), et implanté en France depuis 1973. — Se réclame de l'ésotérisme traditionnel comme une organisation culturelle, humaniste, et une « école de Mystères », pour « promouvoir la conscience et la fraternité humaines ». Mais l'organisation interne, des plus strictement hiérarchisées (un « Service de renseignements », un « Corps de Sécurité »), inquiète des observateurs.

Oeuvre de Réintégration christique. — Millénarisme pour le Nouvel Age. « Ni dogmes, ni rites, ni cérémonies. La parole prophétique pour notre temps » donnée par une « prophétesse » de RFA, Gabriele Wittek, « médium de l'Esprit et de Jésus-Christ ». Ne connaît que l'union immédiate à Dieu, l'amour dans une chaude fraternité. Se dénomme actuellement : « Vie universelle », cours de méditation et millénarisme.

Raëliens. — Claude Vorilhon (dit « Raël »), né en 1946, après des essais dans la chanson, la course automobile et le journalisme, déclare avoir rencontré des extra-terrestres le 13 décembre 1973 (en Auvergne) puis avoir été emmené sur leur planète le 7 octobre 1975 (en Périgord), et être chargé par eux de messages aux terriens et d'une mission : préparer la venue des « élohims » (ou extra-terrestres). Relecture de la Bible dans ces perspectives. Devenu religion athée, hédoniste. Prône un gouvernement mondial (la « géniocratie »). (Voir notice *Extra-Terrestres*).

Théosophie (Société théosophique). — Ce mouvement a une certaine importance historique, car il est aux sources de l'introduction de la religiosité orientale en Occident depuis un siècle. Malgré son nom il a peu à voir avec la théosophie, doctrine ésotérique de tradition occidentale qui entend connaître Dieu par spéculation et illumination intérieure. C'est une doctrine syncrétiste qui mêle tous les courants religieux avec une prévalence de ceux d'Orient (Kabbale, Bouddhisme, Ecritures hindoues et taoïstes). A son origine, Mme Héléna Petrovna Blavatsky (1831-1892), née en Russie, qui avait pratiqué spiritisme, magnétisme et hypnose. En 1875 elle fonde son mouvement à New York. Il obtiendra du succès surtout par celle qui lui succédera, Annie Besant. Ses principaux ouvrages sont *Isis dévoilée* et *La doctrine secrète*. — Après un temps de régression, ces enseignements alimenteront la majorité des gnoses contemporaines et des « Religions pour le Nouvel Age ».

Chapitre IV

DISCERNEMENT

I. — Les sectes et nouveaux mouvements religieux sont-ils dangereux ?

Trois pièces du dossier. — Voici trois points de vue. Les deux premiers sont radicalement divergents. L'un est d'un universitaire de renom, spécialiste mondial des sectes. l'autre est d'un écrivain français, récemment décédé, qui a ému profondément l'opinion publique. Le troisième analyse un travers couramment relevé dans la structure « secte» : le conditionnement affectif.

1. « Les sectes proposent à leurs adeptes toute une série d'activités diverses : elles jouent parfois, socialement, *un rôle d'agents créateurs*. Le public en a souvent entendu parler à l'occasion de quelque incident bizarre, ou d'une manifestation extraordinaire de la foi. Aujourd'hui encore il est souvent incité à l'intolérance par des politiciens ou des journalistes qui présentent à dessein les sectes comme des ennemis du peuple, destructrices, par leur influence maléfique, de la famille et de toute vie décente. L'on admet trop rarement que les sectes ont parfois aussi aidé les hommes à s'adapter à une société : qu'elles leur ont apporté espoir, fraternité et sécurité, alors qu'aucun autre organisme n'en eût fait autant. Au mieux de leur activité, elles ont été des agents de secours personnel et d'intégration sociale. Si, dans leur activité la plus condamnable, elles ont encouragé le fanatisme, l'intempérance et même l'autodestruction, et si, aux yeux du grand public, elles opèrent sur des hypothèses

erronées et propagent des théories et des idéaux dangereux, on ne peut que reconnaître que tous ces méfaits ont été aussi le fait de toutes les religions à tel ou tel stade de leur histoire (...)

« Les sectes représentent, de beaucoup de façons, une communauté d'amour — et cela quoi qu'elles puissent paraître au monde extérieur et quelque hostilité que puissent légitimement leur valoir leurs relations avec l'ensemble de la société. Elles participent pleinement aux tensions et aux paradoxes de cet état de choses. Les tensions ne baissent que lorsque l'amour lui-même — et peut-être la haine — fondent dans la douceur, ou la tiédeur, des confessions et des Eglises. »

(Bryan Wilson, *Les sectes religieuse*,
trad. française : Paris, Hachette, 1970, p. 241-242.)

2. « Va-t-on enfin se décider à briser *l'activité délétère des sectes* qui pullulent et se multiplient sur notre pourriture ?

« L'une d'elles avait envahi l'esprit du plus jeune de mes fils. Il en est mort, assassiné sous l'apparence d'un suicide. Il avait vingt ans (...)

« Au nom de mon fils, assassiné pour rien, au nom de tous ces jeunes morts, morts pour rien, au nom de la vie et au nom de l'homme, saccagés pour rien, je porte plainte. Plainte auprès de vous, Monsieur le Président de la République, qui incarnez notre pays et notre civilisation, mais aussi auprès de nous tous, hommes de l'Occident malade.

« Je porte plainte au nom de l'avenir qui crie au secours.

« On comprend l'embarras que les grandes religions actuelles éprouvent à l'égard de leurs filles, les sectes. Elles retrouvent en elles leur propre jeunesse ; simplement, les siècles leur ont mis, à elles, du plomb dans la tête. Mais elles les aiment bien, au fond ; c'est même pourquoi, comme jadis quand on tenait les enfants serrés, elles les châtiaient si rudement. Maintenant, les choses sont plus compliquées. Finie l'Inquisition ; il faut persuader, discuter. Sans issue : comment y en aurait-il une quand deux révélations aussi assurées l'une et l'autre s'opposent front contre front, à égalité ? J'ai vu Dieu, dit l'une, il ordonne ceci. J'ai vu Dieu, dit l'autre, il ordonne cela. Comment trancher ?

« Ainsi les vieilles religions ne sont plus en état de lutter contre les sectes. Sur la défensive à leur égard, elles sont en outre retenues par une espèce de connivence secrète (...)

« Finalement, tout le problème tient dans ce dilemme : liberté ou salut. Respecter le principe de la liberté, c'est s'interdire d'agir efficacement contre les sectes, même les plus indiscutablement malfaisantes (...) Une jeune femme était tombée sous la coupe de la secte Moon. Sa famille vint la délivrer en forçant la résistance des gardes. Mais le lavage de cerveau avait été tel que la jeune femme, sitôt libre, n'eut rien de plus pressé que de regagner sa prison : elle y était, paraît-il, heureuse ; heureuse de s'y détruire. Majeure, elle avait le droit de faire son choix (...)

« Si l'on juge conforme au bien public de mettre fin à la malfaisance des sectes, qu'on mette fin à cette malfaisance, même s'il faut pour cela bousculer le principe de liberté. »

(Roger Ikor, *Je porte plainte*,
Paris, Albin Michel, 1981, p. 106-111.)

3. « Par ces structures et ces rites, nous étions entourés *d'un mur affectif difficilement franchissable* et dont nous n'étions pas conscients, qui rendait superflue une clôture réelle, telle qu'on en trouve dans les institutions monastiques. (...) Des communautés construites sensiblement sur le même modèle ont donné des résultats différents. Ce qui, me semble-t-il, fait ici la différence, c'est l'interférence, le "délire" d'un homme avec sa communauté de "sauvés". Peu perceptible au début, ce délire se précisa, peu à peu, et devint lui aussi une structure s'ajoutant aux autres pour mobiliser les "troupes", refaire l'unanimité et les empêcher de prendre quelque distance par rapport au groupe. La méthode consistait à assommer littéralement, lors des retraites ou par courrier, les frères et les sœurs avec un discours passionné dont les thèmes se substituaient les uns aux autres rapidement et constituaient à chaque fois un objectif à atteindre, un rite, un comportement à intégrer impérativement. (...)

« Parmi ces thèmes, il y en avait un qui revenait régulièrement : celui des ennemis intérieurs ou extérieurs de la famille. Ceux-ci étaient représentés pêle-mêle par les aumôniers, les évêques, l'Etat, les militaires, les policiers, les politiciens et, bien évidemment, les parents ainsi que les ex-membres, tous plus ou moins accusés de comploter contre le fondateur. »

(Olivier Braconnier, *Radiographie d'une secte au-dessus de tout soupçon* (Le Groupe de Saint-Erme), Paris, Cerf.)

Saine prévention ou injuste intolérance ? — Les

effectifs des groupes marginaux sont minimes, si l'on parle des sectes nouvellements apparues : en France, au mieux, 2 000 scientologues, 150 moonistes, autant de dévots de Krishna, guère plus de sanyasins de Bhagwan. Mais une minorité active — « activiste », pensent les citoyens de nations occidentales affrontés au terrorisme international —, peut-être aussi redoutable qu'une armée conventionnelle dressée sur pied de guerre de l'autre côté de la frontière. Parce qu'elle est présente sur notre territoire, parce qu'elle s'adresse aux jeunes qu'elle arrive parfois à débaucher en les séduisant.

Les nouveaux mouvements, quand on les assimile uniformément à des sectes dangereuses, suscitent alors un phénomène de rejet analogue à celui de l'organisme rejetant un corps étranger. Certains croient y déceler un réflexe raciste de refus de la différence. D'autres allèguent qu'un corps social a besoin de boucs émissaires sur lesquels rejeter la responsabilité de tous les maux en période troublée : hier les sorcières, les juifs, la synarchie sioniste et maçonnique ; aujourd'hui, avec « la crise », les immigrés et les sectes.

On voit la difficulté où l'on est de parler des sectes de manière sérieuse, sans angélisme béat mais sans dramatisation malsaine. Surtout lorsqu'il s'agit de déterminer quel groupe est pernicieux et à désigner à la méfiance publique. Il faut alors, sans naïveté, car certains mouvements sont sectaires et dangereux pour la liberté du citoyen, mais sans passion, car cette attitude nuirait au jugement objectif, étudier attentivement les faits. Les nouveaux mouvements religieux représentent-ils réellement un danger ou sont-ils injustement persécutés ? Comment repérer parmi eux les sectes dangereuses ?

Notons d'abord que l'on ne peut parler globalement *des* nouveaux mouvements religieux, tellement ils sont divers. Il faut prendre garde de ne pas projeter sur l'ensemble des mouvements ce que l'on connaît d'un groupe particulier, spécialement ses défauts. De même faut-il s'entendre sur la signification que l'on donne au terme *nouveau* dans l'expression « *nouveaux* mouvements ». L'innovation religieuse, avec le surgissement de nouveaux groupes et familles sur le tronc originel, est en effet un trait habituel de l'histoire du christianisme. Et avec l'extension des moyens de communication, bien des religions voyagent largement au-delà de leurs frontières initiales. Le christianisme peut ainsi apparaître comme une religion « nouvelle » au Japon, au même titre que l'hindouisme l'est en Europe.

Mais le terme « nouveau » qualifie aussi le caractère dynamique d'un mouvement qui vise à provoquer un *revival* de la religion établie dont il se réclame, parfois à la suite d'une révélation « nouvelle » qui semble offrir un espace accru d'espérance et de sens pour l'avenir, tel Baha'u'llah (1817-1892) par rapport à l'Islam. Cette révélation n'indique pas pour autant un progrès. Et il arrive que la Tradition ancienne se dresse contre une nouveauté qu'elle se doit de récuser. L'ensemble des Eglises chrétiennes a ainsi refusé conjointement on l'a vu, l'entrée de l'Association pour l'Unification du Christianisme mondial au Conseil œcuménique des Eglises, malgré la révélation de J.-C. lui-même au matin de Pâques 1936 dont affirmait pouvoir faire état le Rév. Moon.

Ce qui apparaît comme « nouveau » c'est plutôt la vision du monde dont sont porteurs certains mouvements, spécialement ceux qui viennent d'Orient : une cosmologie où le monde est d'étoffe divine, une anthropologie où l'homme est dépositaire d'une étincelle du Cosmique, une conception de l'existence où la réincarnation tient une place maîtresse, une représentation de la durée où le temps est cyclique et l'histoire religieuse a-historique.

Autant de groupes, autant de visions, même si on peut les regrouper en quelques grandes familles. Il ne faut donc pas opérer d'amalgame hâtif. Dans ces groupes, certains sont couramment qualifiés de « sectes ». Qu'en est-il en fait ?

Les nouveaux mouvements religieux sont-ils des « sectes » ? — Les *sectes* en Occident ont représenté un phénomène historique lié au développement du Christianisme. La tendance à la séparation, à l'exclusivisme, à la fermeture du groupe sur lui-même est inhérente à toute religion. Certaines sont d'ailleurs nées sous cette forme sociologique de *secte*, tel le Christianisme lui-même qui apparaît au début comme une dissidence du Judaïsme, devenue rapidement contestataire de la religion civile officielle, celle de l'empereur. Il se présente de l'extérieur comme une nouvelle religion orientale regroupant en communautés ferventes des fidèles tenant pour imminents la fin du présent système de choses et l'avènement du Royaume de Dieu. Il n'est qu'à écouter saint Paul déclarant à Félix, le gouverneur romain de Césarée : « Je sers le Dieu de mes pères selon la voie qu'ils appellent une *secte* »(Ac 24, 14). Mais cette « secte » n'était pas porteuse de « tendances sectaires ».

Les *nouveaux mouvements religieux* représentent, eux, des groupes et associations apparus très récemment dans les nations occidentales (depuis les années 60)qui ne correspondent plus exactement aux traits généraux des communautés issues du protestantisme et globalement dénommées « sectes ». « Origine exotique, style de vie culturel nouveau, engagement d'un niveau supérieur à celui des Eglises traditionnelles, direction charismatique, pourcentage important de jeunes, de personnes cultivées et de classes moyennes dans le recrutement, phénomène attirant l'attention, développement international, apparition récente »[1].

Leur surgissement s'est par ailleurs fait dans un contexte conflictuel. Certains mouvements utilisaient

---

1 B. Wilson, *The social impact of the New Religious Movements*, New York, The Rose of Sharon Press, 1981.

en effet des procédés relevant de l'escroquerie spirituelle. D'autres couvraient abusivement leurs visées dominatrices et financières de l'étiquette religieuse. Beaucoup provoquaient l'éclatement de la cellule familiale et doublaient, chez les parents, la souffrance de la rupture d'un sentiment d'échec. L'emprise exercée par ailleurs sur de jeunes sujets brillants, par des groupes difficilement contrôlables et donc sujets d'inquiétude pour l'ordre public, a été rapidement ressentie comme abusive par la société. Quelle frontière tracer alors entre une communauté saine et un groupe pervers, une conversion personnelle libre et une adhésion extorquée ?

Critères de discernement d'une secte dangereuse. — Tout d'abord, dans la quête des témoignages il faut être très vigilants sur leur objectivité. Celui d'un ancien adepte est précieux pour son contenu d'expérience. Mais il peut glisser dans l'auto-justification et le règlement de compte. Ceux du psychologue, du sociologue, du psychiatre sont indispensables pour les points de repères objectifs qu'ils fournissent. A condition qu'ils n'évacuent pas systématiquement et *a priori* la dimension religieuse de la démarche du converti et de la pratique des groupes, pour aussi déconcertantes qu'elles apparaissent. Celui du journaliste est fort utile quand il met au jour par son enquête les dessous cachés d'une certaine respectabilité sociale. Mais certains media sont peu fiables quand ils sont trop enclins à rechercher le seul scabreux et le seul sensationnel pour répondre à l'attente de leurs lecteurs.

Ces garde-fous méthodologiques étant posés, on pourra déterminer si tel groupe bizarre ou inconnu est pernicieux à cinq critères. Ils concernent :

— le *pouvoir* : entre les mains de qui réside-t-il en fait ?

— le *leader* : est-il autocratique ou respectueux des personnes ?
— la *structure interne* : quelle marge à la liberté ? quelles règles pour la formation, la vie en communauté, la vie conjugale et familiale ?
— *les finances* : quelle origine ? quelle utilisation ? quel contrôle ?
— *la vie des adeptes* : quel mode de recrutement, quelles insertion et protection sociales, quelle formation professionnelle ?

On juge l'arbre à ses fruits. S'il y a un mouvement d'entrée et de sortie dans le groupe, le diagnostic est plus favorable. Si l'on ne peut rencontrer librement les adeptes en dehors du groupe, il sera très réservé.

Le repérage de la dangerosité est toutefois moins facile aujourd'hui qu'hier. Au début des années 70, l'observation des techniques mises en œuvre suffisait pour repérer les mouvements dangereux : recrutement forcené sur la voie publique accompagné de vente ou de mendicité, endoctrinement poussé et jargon propre au mouvement, accumulation de richesses entre les mains de quelques-uns. Mais avec la réprobation unanime suscitée par le suicide collectif du Guyana, les groupes du second souffle cherchent à devenir moins voyants et à se fondre dans le paysage en s'adaptant aux fonctionnements sociaux reçus. D'où une plus grande difficulté à les repérer. La propagande et le prosélytisme se font sous le couvert d'associations éducatives, philanthropiques, culturelles. Ils visent préférentiellement les groupes sociaux touchés par la crise (chômeurs, troisième âge) ou par l'insatisfaction (peur de la drogue, de la guerre, de la pollution). D'autres deviennent « scientifiques », thérapeutiques, se présentant comme de simples psychotechniques ou comme des groupes du Nouvel Âge. Les communautés aux comportements trop voyants entrent dans la semi-clandestinité. Et les capitaux s'investissent dans des affaires respectables et diversifiées.

Comment peut-on se laisser piéger par une secte ? — De quelle manière très concrètement, dans la vie de tous les jours, devient-on vulnérable au marketing d'une secte dangereuse ? On pourrait rédiger en ces termes un avis de prévention :

« 1. Vous voici dans une *période de fragilité* (et nous en connaissons tous à un moment ou l'autre de la vie). Vous vous trouvez passagèrement seul ou sans amis (arrivée dans une ville étrangère, entrée à la Faculté). Vous traversez une période de transition difficile (perte d'emploi, fin d'études, rupture du couple, affrontement avec vos parents). Vous vous sentez "mal dans votre peau", sans raison de vivre un peu exaltante, ou bien déprimé. Vous avez été déçu par l'engagement politique, syndical, voire religieux auquel vous vous étiez donné ; et vous vous trouvez sans point de repère.

« 2. Une affichette dans la rue attire alors votre regard. Ou bien une personne souriante vous aborde, *pour vous proposer les clés du bonheur, ou d'un monde presque parfait.* On vous invite par exemple :

— à retrouver votre pleine forme, la plénitude d'une personnalité "réalisée" ;
— à rencontrer des gens positifs, heureux, avec qui vous pourrez travailler concrètement et utilement à changer la vie, à changer le monde ;
— à faire le point paisiblement dans une session gratuite à la campagne ; — à développer vos pouvoirs cachés, en participant à des cours pour acquérir la paix et l'harmonie intérieures ; — voire à faire l'expérience directe de Dieu, dans une communauté joyeuse et fervente, à vous préparer à une fin du monde qui ne saurait manquer d'arriver très bientôt.

« 3. *C'est eux qui viennent à vous*, pour vous recruter, avec sourire, affection, charme et gentillesse. *Mais ils ne vous disent pas tout*, et en particulier jusqu'où ce premier contact sympathique peut vous mener. Ils jouent sur votre sensibilité, vos émotions. Or il y a toujours en nous quelque point vulnérable. Et c'est en jouant sur cette vulnérabilité qu'ils accentuent la faille : c'est le commencement de la manipulation.

« 4. *Si vous mettez alors le bout du doigt dans l'engrenage* (cours, séjours, conférences, rencontres), ils s'emploieront à contrôler peu à peu votre pensée en contrôlant votre comportement : — étude d'un livre à domicile, multiplication des réunions ; — culpabilisation sur le passé, peur de l'avenir ; — visites régulières, pression insidieuse pour entrer dans le groupe, enveloppement affectif qui coupe progressivement des autres relations ; — si vous êtes en session : surveillance souriante qui ne vous laisse jamais un instant de liberté, activités continuelles durant la journée, voire jeûnes ou réduction du temps de sommeil (pour devenir un être "réalisé").

« 5. *Un critère alors pour déceler la manipulation*: vous sentez-vous *libre*, intérieurement, de quitter ce groupe, ce mouvement ?

« Il ne faut pas sombrer dans une psychose de soupçon tous azimuts. — Mais il faut être averti. — Parce que cela n'arrive pas qu'aux autres. »

II — En quoi les sectes posent-elles question à la société ?

1. Les sectes et le « monde ». — Toute secte religieuse se définit par un mode spécifique de relation avec « le monde ». Les inter-actions avec la société et spécifiquement avec la Loi et le Politique, sont donc inévitables. On connaît le refus de porter les armes chez les Quakers. On se rappelle le refus global de la société « mauvaise » chez les Cathares. Mais l'attitude de chaque groupe est bien particulière et typée. Ceux qui cherchent à changer les hommes et à leur procurer le salut par la voie de la conversion intérieure ont peu de relation avec le politique, tels les Brahma-Kumaris ou l'Armée du Salut. Par contre, ceux pour qui le salut ne peut venir que d'une intervention surnaturelle appelée à changer radicalement le présent ordre des choses seront nécessairement amenés à prendre position à l'égard de la société et de ses institutions, même s'ils n'interviennent pas directement dans le jeu politique (qui ne les intéresse pas) ou le jeu social (car la société est à leurs yeux irréformable), tels les Témoins de Jéhovah annonçant la disparition du monde actuel. Certains vont jusqu'à préciser concrètement la forme que prendra le monde de demain et le type de gouvernement qui le dirigera[2].

Par contre, l'Etat à la fois interpellé et contesté par ces groupes, et sollicité vigoureusement par les plaintes des citoyens à leur encontre, est amené à se situer par rapport à eux, en attitude défensive le plus souvent. Il tente de les contrôler, surtout quand la recrudescence se fait plus forte. Mais ces interventions demeurent ambiguës. Précisons ces différents fonctionnements.

Les millénarismes et l'attente du Royaume : d'une nouvelle Société. — Les groupes millénaristes vivent dans l'attente d'un nouvel âge : d'une *nouvelle Société*. Quand ils sont issus du tronc chrétien, ils l'identifient avec le retour (« l'avènement ») de Jésus pour un règne de mille ans, sur une terre redevenue un paradis : aussitôt après la fin de ce monde. Cette

---

2. Cf. l'étude bien documentée de J.-F. Mayer, *Sectes chrétiennes et politique*, in *Mouvements religieux* (F. Sarreguemines), n° 40-42, 1983, p. 1-26, qui nous a inspiré certaines des remarques et citations ci-après.

croyance traduit également l'aspiration au bonheur et à une certaine revanche sociale des humiliés et exploités de la terre. Aussi dénombre-t-on plus de 1 500 mouvements du genre depuis le début de l'ère chrétienne. Dans les peuples opprimés on l'a vu, c'est le rejet d'une situation d'oppression qui se traduit parfois en élan religieux et en contestation de l'ordre politique établi .

Dans les nations occidentales, les millénarismes reprennent vigueur aujourd'hui avec la déception générale devant l'échec du type de société proposé à l'Est comme à l'Ouest. Les Témoins de Jéhovah centrent ainsi toute leur prédication sur l'urgence de se rallier à leur association avant Har-Maguédon, et l'avènement d'une ère renouvelée sous le signe de l'harmonie universelle : quand « les épées seront forgées en socs de charrue ». Mais auparavant, annonçait déjà Russel, il y aura de terribles événements politico-sociaux.

Certains mouvements de Pentecôte, s'appuyant sur la prophétie de Joël 2, 23, lisent dans l'actuel mouvement de réveil spirituel un signe annonciateur du retour imminent de Jésus : le « Dernier Retour », selon « Latter rain » (la « Dernière pluie « qui tombe présentement sur le monde pour en annoncer la fin).

Pour ces derniers groupes, l'avènement de la nouvelle société ne peut arriver qu'après renversement du « présent système de choses ». C'est pourquoi ils sont amenés à se situer par rapport à la société telle qu'elle est, et plus spécialement à l'Etat. Mais ils le font de manière souvent contradictoire. A la fois ils affirment un apolitisme total et à la fois ils prônent la soumission à l'ordre établi.

Apolitisme et soumission à l'ordre établi. — A la différence des Eglises instituées qui invitent leurs fidèles à s'engager dans l'action transformatrice de la société, ces mouvements affirment un *apolitisme* radical. Apolitisme de conviction chez les Jéhovistes qui ne veulent reconnaître d'autre autorité que celle du Royaume théocratique de Jéhovah. Apolitisme de raison chez les Evangéliques, les Pentecôtistes, voire les disciples de Guru Maharaj Ji, qui se lancent en compensation dans l'action sociale de type individuel : aide aux drogués, aux marginaux, aux sortis de prison. Avec un souci prosélyte, car la conversion est considérée comme un moyen de conversion totale incluant la réinsertion sociale. Apolitisme de fait enfin, parce que les adeptes étant absorbés par l'attente de la fin des temps, il leur reste peu de temps, de goût et de dynamisme pour l'engagement concret ici et maintenant. Certaines communautés néo-rurales en France issues de Mai 68 se sont retirées du monde et du combat social parce qu'elles estimaient proche la fin de la civilisation urbaine et industrielle.

La plupart de ces groupes pressentent que le salut ne peut venir que de Dieu. Il vaut donc mieux, pensent-ils, investir son temps dans la prédication de Sa Volonté et de Son Plan, plutôt que dans des actions de « fourmis orgueilleuses » vouées de toutes façons à l'échec final. D'où le dynamisme conversioniste des Jéhovistes, des Mormons, des Pentecôtistes.

Mais cet apolitisme d'intention conduit le plus souvent à une attitude de *soumission conformiste* aux gouvernements en place : à l'Ordre établi. Les Témoins sont fiers d'être reconnus et loués par certaines dictatures d'Amérique latine pour leur obéissance non dangereuse aux autorités. Les Mormons se veulent le parfait exemple du bon citoyen. Et l'admission à certains Ordres rosicruciens comporte l'engagement de respecter le gouvernement en place quel qu'il soit.

Plus de trois cents sectes auraient ainsi été introduites au Nicaragua depuis la révolution sandiniste pour lui faire échec. De même au Guatemala pour soutenir le gouvernement de Sécurité nationale. Ou au Salvador. Et l'on sait que le général Rios Mont qui en fut président durant quelque temps était lui-même prédicateur d'une secte californienne, l'Eglise chrétienne du Verbe.

Ces gouvernements soutiennent volontiers, on le comprend, les sectes qui prêchent la soumission à l'Etat et à l'ordre social en place en faisant miroiter le bonheur de la justice et de la paix définitives *dans l'au-delà*. Aussi les Pentecôtistes chiliens ont-ils été successivement courtisés par Allende puis par Pinochet. C'est d'ailleurs un penchant du Pentecôtisme en général, note J. Séguy, d'abandonner la « politique de l'Eglise » entre les mains d'autorités profanes : une tendance au conformisme en matière politique et sociale.

Les sectes fondées sur la Bible justifient alors leur attitude en se référant souvent à deux textes du Nouveau Testament : Rom 13, 1 : (« Que toute personne soit soumise aux autorités supérieures. Car il n'y a point d'autorité qui ne vienne de Dieu, et les autorités qui existent ont été instituées par Dieu »), complété aussitôt par Jn 15, 16 (et 15, 19) (« Vous êtes dans le monde, mais vous n'êtes pas du monde »).

Des prises de position qui sont inévitablement politiques. — Bien qu'elles s'en défendent les « sectes » prennent donc inévitablement une position politique et choisissent un camp sur l'échiquier mondial tout en affirmant par ailleurs leur neutralité. Cette attitude est le plus souvent teintée d'anticommunisme comme dans l'Eglise de l'Unification ou l'Eglise universelle de Dieu. Et puisque le nouveau monde ne pourra arriver qu'*après* la destruction de cette société mauvaise et de ses systèmes politiques, elles en relèvent tous les signes de faiblesse et de décomposition. Elles s'en réjouissent. Non pas comme des prophètes de malheur, mais bien de bonheur. Car elles y lisent les signes précurseurs du retour du Paradis perdu.

Les mouvements divergent toutefois dans leur attitude concrète pour les temps immédiatement préparatoires à cet événement. Les Mormons fondent un Etat, en Amérique. Les Moonistes, eux, soutiennent vigoureusement la société libérale et font campagne en France avec l'extrême-droite. Les Témoins de Jéhovah, par contre, rejetant l'action politique comme perte de temps et séduction diabolique, refusent le vote et la participation à quelque parti ou association que ce soit.

A la différence des sectes du temps de la Réforme qui étaient des agents de changement, de contestation et de protestation contre les sociétés et Eglises en place taxées d'immobilisme et de conservatisme, l'ensemble des nouveaux mouvements religieux se comportent aujourd'hui comme des agents d'immobilisme contre une Eglise qui se veut, elle, vecteur de changement social.

Ils fonctionnent comme moyens de transformation *personnelle* par la conversion, et non de transformation *sociale* par la révolution. Ce qui rejoint l'affirmation de certains déçus de Mai 68 passés aux sectes, dans ce mouvement de balancier qui en a conduit plusieurs du politique au mystique : « La vraie révolution est la révolution intérieure ; elle passe par le changement personnel. »

Pourtant ils apparaissent par d'autres côtés comme dangereux aux yeux de la Société. D'où les essais de contrôle de l'Etat à leur endroit.

2. L'attitude de l'Etat par rapport aux sectes.

L'Etat devant les sectes. — Dans les pays d'Occident, le contrôle de l'Etat sur les NMR a été beaucoup plus fort dans le passé qu'aujourd'hui. Aucun Etat n'a encore émis de législation répressive, se contentant d'utiliser les lois existantes. Il y a sur ce point un certain décalage entre les déclarations officielles et les actions administratives effectivement engagées qui sont très limitées. Les Etats préfèrent lancer des commissions de recherche, procéder à des auditions, faire des rapports. Ce furent par exemple le rapport Cottrel au Parlement européen (session du 22 mai 1984) et le rapport Vivien à l'Assemblée nationale en France (février 1983, rendu public en 1985). Cette manière de faire leur offre l'avantage d'apparaître comme tout à fait libéraux et d'éviter une législation qui diviserait les citoyens, tout en instaurant un climat de méfiance qui induit une certaine pratique des services administratifs à l'égard des mouvements soupçonnés d'être des « sectes ».

L'Etat est cependant obligé d'intervenir dans les pays où les groupes religieux bénéficient d'un certain nombre de privilèges officiels, quand la religion y est considérée comme un facteur de culture et un agent de socialisation. Le conflit avec les mouvements porte alors sur leur dénomination de « religion ». Aussi les dirigeants des grandes Eglises des Etats-Unis ont-ils pris conjointement en un premier temps (décembre 1982) la défense du Rév. Moon accusé d'évasion fiscale, le moindre accroc aux garanties constitutionnelles représentant à leurs yeux une menace potentielle contre toutes les religions (sa condamnation a été prononcée depuis lors).

En comparaison avec le traitement infligé dans le passé aux minorités religieuses — Huttériens, Amishs, Doukhobors, Mormons, Shakers, Témoins de Jéhovah —, les nouveaux mouvements religieux bénéficient donc d'un traitement relativement clément. Leur contrôle par l'Etat ne diffère guère de celui qu'il exerce sur les autres associations : par mode administratif. Du fait de l'encadrement étatique et social très poussé, ils ne représentent pas en effet globalement une menace pour l'ordre établi auquel ils se soumettent volontiers. Mais ils peuvent représenter un danger bien réel pour des citoyens. D'où les initiatives prises par ceux-ci pour se défendre.

Des réactions des citoyens. — Les mouvements ayant suscité une telle réaction au plan mondial sont relativement peu nombreux. Les plus couramment cités sont l'Eglise de l'Unification, la Scientologie, les Enfants de Dieu, l'aick, Bhagwan, et parfois la Méditation transcendantale[3]. On les qualifie de « destructive cults », « jugendsekten », « sectes dangereuses ». La défense contre leurs abus prend des formes variées suivant les habitudes sociales de chaque pays : — Instances judiciaires à l'initiative de groupes volontaires de citoyens, aux Etats-Unis. Ils font pression sur les législateurs des différents Etats pour édicter des lois limitant le recrutement, la collecte des fonds et pour mettre les adeptes sous la garde de la famille. — Action davantage centralisée autour des Eglises ou des ministères fédéraux en rfa. Elle se manifeste dans le domaine de l'information, de la prévention, du conseil, de la réhabilitation des adeptes. La littérature est abondante. — En France elle est menée par des associations privées de familles volontaires (unadfi)[4], reliées aux organismes officiels et surtout aux informateurs qui y trouvent une documentation abondante et précise. Les Eglises, en contexte de séparation de l'Eglise et de

---

3. Cf. J. A. Beckford in *Conscience et liberté* 23/1982, p. 62 ss. Mais pour la mt il faut relever le jugement rendu par le Haut Tribunal administratif de Münster (rfa) le 18 décembre 1986, qui établit que la mt n'est pas une secte, contredit par le Tribunal Fédéral le 23 mai 1989.

4. Union nationale des Associations de Défense de la Famille et de l'Individu ; en France, 10, rue du Père Julien Dhuit, 75020 Paris ; tél : (1) 47 97 96 08.

l'Etat, se sont davantage attachées à l'information/ formation du peuple chrétien, et à l'aide pastorale concrète aux personnes et aux familles. — Le Japon, sensible aux dangers de toute intolérance à l'égard des religions et des idées étrangères, s'est peu organisé dans la lutte contre les sectes. Aussi la Corée a-t-elle pu y exporter directement le moonisme.

Les pays que nous venons de citer sont des démocraties libérales et *laïques*. On saisit la difficulté où se trouve alors le législateur pour déterminer le caractère « religieux » ou non de tel groupe, et pour différencier une secte d'une religion.

Des essais de contrôle par l'Etat. — C'est dans ce contexte qu'il faut situer les rapports Cottrel et Vivien. Les Eglises chrétiennes ont formulé sur ces deux textes des remarques voisines. Des abus existent, disent-elles, qui doivent être dénoncés et réprimés. Mais tout projet de réglementation doit aussi préciser impérativement les critères sur lesquels il se fonde pour déterminer qu'un mouvement est « nouveau » ou non, « religieux » ou non, « secte » ou non. Car la liberté de conscience est un absolu qui ne se divise pas, sauf atteinte aux droits de l'homme et délit de droit commun contre « les bonnes mœurs et l'ordre public ». Or, notent-elles, chaque pays possède déjà sa législation de droit commun qu'il suffit d'appliquer en ce domaine aux sectes au même titre qu'à toute association de citoyens.

Elles soulignent ainsi le risque grave pour la liberté de conscience d'un projet de loi qui viserait à introduire dans la législation le « délit d'envoûtement » parmi les infractions du Code pénal. L'intention est louable : permettre à la société de se prononcer quand il y a menace contre la liberté de ses membres. Mais le moyen proposé est dangereux. Chacun peut en effet incriminer le voisin d'un tel délit. Et la société n'a aucune compétence pour se prononcer sur la validité d'une doctrine religieuse. Les tribunaux ont à se prononcer sur les seules atteintes à l'ordre public et aux droits des personnes. Une législation d'exception risquerait d'ailleurs de se retourner un jour, en boomerang, contre tous les croyants sans distinction. Entre les mains d'un juge ou d'un gouvernement estimant en conscience : — que toutes les religions sont génératrices d'envoûtement parce qu'opium du peuple ou démobilisatrices de l'effort collectif, — que telle pratique d'ascèse, de catéchèse ou de vœu d'obéissance est source ou fruit d'un viol psychique, — que la célébration de messes pour les défunts et l'organisation de pèlerinages en Catholicisme sont pures escroqueries, en tant que promesses fallacieuses de biens illusoires.

Notons enfin que la Recommandation 1178 (1992) de l'Assemblée parlementaire du Conseil de l'Europe « estime que la liberté de conscience et de religion garantie par l'article 9 de la Convention européenne des droits de l'homme rend inopportun le recours à une législation majeure pour les sectes, qui risquerait de porter atteinte à ce droit fondamental et aux religions traditionnelles » (§ 5), tout en recommandant quelques mesures concrètes (§ 6, 7).

Chapitre V

COMMENT SE SITUER PAR RAPPORT AUX SECTES ET A LEURS FIDÈLES ?

« Avec une conviction, une dévotion puissantes, magnétiques, les sectes vont à la rencontre des gens, là où ils sont, de façon chaleureuse, personnelle et discrète. Elles sortent l'individu de l'anonymat, promouvant la participation, la spontanéité, la responsabilité, l'engagement, le suivant de manière intense par de multiples contacts, des visites à domicile, un soutien et une direction continue. Elles aident les personnes à réinterpréter leur propre expérience, à réaffirmer leurs propres valeurs et à affronter les questions essentielles au sein d'un système conglobant. Elles font habituellement un usage convaincant de la parole : prédication, littérature, mass médias ; et souvent ministère de guérison. En un mot elles se présentent comme la seule réponse, *la "bonne nouvelle"* pour un monde chaotique »[1].

Que faire quand quelqu'un, semble-t-il, a été piégé ?

I. — En arrière-plan, un bouleversement culturel

En arrière-plan de l'entrée dans une « nouvelle religion » se profilent certains traits de la situation

---

1. *Document romain, op. cit.*, 2, 1-9. — On ne saurait toutefois oublier, souligne-t-il aussi que les *pratiques de recrutement* et d'endoctrinement ne sont pas étrangères au succès des sectes : — mise en scène de l'approche : par le *love-bombing* (voire le *flirty-fishing*), le « test de personnalité » (gratuit, pour révéler les failles personnelles), l'accentuation des inquiétudes sur l'avenir, — *manipulations* psychologiques : isolement, fascination du leader, altération de la conscience par matraquage idéologique fondé sur la répétition, exaltation spirituelle.

religieuse de notre société occidentale, en particulier le pluralisme, le nomadisme, l'individualisme. Il faut les avoir présents à l'esprit pour conduire une relation d'aide adaptée.

Le pluralisme et le nomadisme religieux, l'individualisme.

Pluralisme : Aucune religion ne va plus « de soi » dans la société française en particulier, et la présence côte à côte sur les mêmes bancs d'école d'enfants musulmans issus du Maghreb, bouddhistes réfugiés du Sud-Est asiatique, jéhovistes de filiation américaine, à côté de catholiques ou protestants, pose très tôt en termes nouveaux le problème de la cohabitation religieuse.

Nomadisme : On change plus aisément de croyance aujourd'hui qu'hier. On se définit couramment comme « en recherche » et donc moins lié sociologiquement à l'Eglise dans laquelle on a été baptisé.

Individualisme : Chacun semble se concocter sa propre religion, une religion-kit, en intégrant les éléments reçus du passé — au catéchisme, à l'école du dimanche ou à la synagogue —, dans un aimable syncrétisme destiné d'abord à l'épanouissement harmonieux de la personnalité. On se fabrique ainsi une religion douce, comme il y a des médecines douces. Le religieux n'est plus nié, mais relativisé et récupéré, banalisé.

La religion est considérée comme un élément de l'équilibre de vie, utile pour un mieux-vivre, un mieux-être-dans-sa-peau. C'est pourquoi on emprunte de manière très libre aux techniques des diverses religions pour tisser son propre cocon individuel. L'impact chez nous de plusieurs religions japonaises tient à ce qu'elles proposent les techniques spirituelles permettant de faire face aux problèmes de la vie de tous les jours. La récitation du Sutra du Lotus, dans la Soka Gakkaï, aurait des effets bénéfiques aux plans professionnels et financiers. La transmission de la lumière par l'imposition des mains (le Johrei , l'Art de Mahikari) aurait des conséquences positives sur le corps et la santé, les choses et l'environnement. L'Eglise de Scientologie propose des techniques très élaborées pour obtenir des résultats efficaces sur soi-même et son entourage dès cette vie. La religion, dans ce contexte, devient un objet de consommation parmi d'autres, porteur de jouissances spécifiques.

De même chacun conserve alors des religions officielles ce qui lui convient, comme et quand cela lui convient. D'où le succès des « sagesses » syncrétistes telles les Rose-Croix, l'Anthroposophie et des multiples mouvements ésotériques. D'où la fluidité des croyances : Jésus demeure objet de révérence, mais comme l'un des multiples avatars du divin cosmique. Les Evangiles sont abondamment cités, mais après réinterprétation en perspective gnostique. Cette dissolution « molle » des croyances est notable même chez les chrétiens : un sur quatre ne croit-il pas à la réincarnation ?

Une fracture culturelle. — Toujours à l'arrière-plan des situations de rupture — départ au Danemark pour suivre un stage de l'Eglise de Scientologie, en Provence pour rejoindre une communauté du Nouvel Age —, se situe le délicat problème de la relation parents-enfants quand ceux-ci grandissent. Et particulièrement au plan de la transmission des raisons de vivre et des croyances religieuses. Il y a comme une cassure entre deux univers culturels. Elle s'est manifestée en clair aux Etats-Unis dans les années 60 : c'était l'apparition de la contre-culture. En France, avec les événements de Mai 68. Elle était latente depuis l'avènement de la société industrielle avec l'accélération des progrès techniques et la mondialisation de l'information.

Dans le contexte des « nouvelles cultures », la vérité religieuse n'est plus un donné reçu mais le fruit d'une quête personnelle. L'obéissance ne structure plus en effet la vie sociale et religieuse. Au « il faut croire » on substitue « il faut être authentique ». Quitte à prendre ses distances par rapport à ses racines. Quitte à paraître marginal par rapport au « système », comme disent les Enfants de Dieu. Les voyages, les *trips* — intérieurs par l'expérience de la drogue, géographiques au gré des charters cinglant vers les Indes, symboliques par les études rosicruciennes ou martinistes — expriment des « départs » diversifiés par la forme de la rupture mais issus du même séisme dont l'épicentre est éloigné du seul terrain de la relation familiale : une fracture de l'écorce culturelle de la planète occidentale.

La secousse du départ sera parfois d'autant plus forte que les parents représentaient aux yeux de leurs enfants le modèle idéal de la génération antérieure. Que ce soit par leur fidélité à vivre les valeurs traditionnelles, religieuses et sociales, ou par leur contestation radicale de ce même modèle de société dans la suite de Mai 68.

Toxicomanie et entrée en secte totalitaire. — Le travailleur social, l'éducateur, le psychologue ou le médecin mis en présence du problème des sectes totalitaires disent trouver des éléments de diagnostic et de thérapeutique communs avec ceux qu'ils sont amenés à mettre en œuvre dans les problèmes de la drogue. De même que la cause de la toxicomanie n'est pas toujours la drogue, la cause de l'entrée en secte n'est pas toujours la seule démarche du recruteur.

Derrière on décèle souvent l'histoire d'une personne en mal d'être et un environnement social en malaise.

La toxicomanie est de manière habituelle un miroir réfléchissant des inadaptations et déséquilibres de la vie individuelle et collective. Le fait sectaire comme révélateur psychologique et comme analyseur institutionnel met lui aussi au jour des béances et exprime des appels. De même que l'on reconnaît couramment dans la toxicomanie une équation à trois facteurs — une personne en crise, un contexte socioculturel, un produit toxique invalidant —, de même on découvre souvent à la racine de l'entrée en secte la conjonction d'une insatisfaction personnelle, d'une difficulté relationnelle, d'une proposition totalitaire. Dans la thérapeutique, l'aide au toxicomane vise à l'amener à faire de son épreuve dramatique une démarche positive débouchant sur sa propre remise en question — lorsqu'il a pris conscience des dommages causés à lui-même et à autrui. Et la prévention consiste à apprendre à un jeune à la fois à découvrir ses propres questions face à la vie et à élaborer ses propres réponses. A trouver en son fonds propre la force et le goût de vivre, de se battre, et à reconnaître en lui-même l'existence de ressources insoupçonnées. Ce sont ces éléments que l'on met à l'œuvre dans la relation d'aide en post-cure. Ils constituent de même l'essentiel de la thérapeutique d'après-sortie de secte totalitaire.

On limitera ici la comparaison, car d'autres éléments différencient toxicomanie et entrée en secte, en particulier l'incidence du sentiment religieux et de la « conversion », souvent déterminants dans le processus global. Mais elle est éclairante en travail social.

I — Quelle attitude adopter ?

Quelle attitude adopter devant les comportements de rupture au plan social et religieux ? Anathématiser, ou dialoguer ? Ramener la brebis au bercail, ou tenir la porte et le cœur ouverts ? On ne quitte pas à la légère son cadre de vie, sa famille, sa profession. On ne change pas de religion sur un simple coup de tête ou de cœur. Il s'agit donc de *comprendre* la (les) raisons de ce départ, d'en découvrir les ressorts cachés, que l'intéressé n'a peut-être pas encore lui-même mis au jour.

Découvrir le ressort caché. — Que trouve-t-il dans ce groupe qu'il ne trouvait pas dans son Eglise, ses relations, son milieu ? Parfois il ne cherchait rien. On est bel et bien venu le solliciter indiscrètement, à la sortie des cours ou dans la rue. Mais l'accrochage n'aurait pas eu lieu si le terrain n'avait été prêt, s'il n'y avait quelque attente ou désir latents : recherche d'une vie fraternelle, besoin d'une conception structurée et assurée de la vérité et de la société, aspiration à un idéal exigeant plus proche de l'Age d'or du Christianisme. Il est essentiel de bien identifier cette motivation pour établir par la suite une véritable relation d'aide.

A la racine on découvrira souvent une peur cachée doublée d'une insécurité. Et l'adhésion à un groupe religieux totalitaire représente comme une réponse à cette panique par rapport à la vie et à l'avenir. Tel néophyte a trouvé chez les Témoins un cadre solide où l'on pense pour lui. L'assurance d'être inscrit au nombre des élus. Une communauté ordonnée où l'on s'appelle « frère » et « sœur ». Où il n'y a qu'à obéir aux « surveillants ». Où tout est cadré par les directives régulièrement dispensées par l'Association théocratique, qui est censée répondre à tous les problèmes de conscience et d'existence. Le groupe fournira alors par sa structuration collective musclée et ses assertions sans réplique un sentiment dynamisant de puissance audacieuse. Ce sentiment est souvent renforcé par l'affirmation réitérée : « Nous sommes les plus forts. Nous gouvernerons un jour le monde entier. Parce que nous sommes *la* Religion pour le Nouvel Age qui vient. » Discours identique et interchangeable chez les Scientologues, les disciples de la Soka Gakkaï, les Raëliens.

Les groupes de développement du potentiel humain séduisent ainsi parce qu'ils s'affirment en mesure de développer nos « pouvoirs » cachés, de faire grandir l'harmonie intérieure, d'assurer la domination de l'entourage, d'apporter une solution à tous les problèmes personnels et collectifs. La MT propose les techniques permettant d'atteindre les profondeurs stables et libérantes de la Conscience cosmique, et met en place dans la foulée un Gouvernement mondial de l'Age d'Illumination.

Il est indispensable de comprendre ces motivations pour amorcer le dialogue en vérité. Car on ne peut aider à redresser un choix qu'en rejoignant par l'intérieur ses ressorts profonds. Ce qui suppose, quand tout a été dit, de s'intéresser réellement à cet engagement. Analogiquement c'est l'attitude que sont amenés à prendre des parents découvrant que leur enfant se drogue. Non parce que l'on approuve le groupe, son enseignement et ses méthodes. Mais parce que l'on respecte la décision de celui que l'on a essayé justement d'éduquer à la liberté, ou de celle avec qui on a noué alliance «pour le meilleur et pour le pire »

Si par contre les discussions ou les reproches tendent les relations au point que l'on n'est plus perçu que comme le censeur et l'inquisiteur, l'essentiel risque d'être perdu : ce lien même ténu qui, s'il demeure, permet encore une certaine communication et donc la proposition en temps opportun de quelque élément de

115

discernement. Ce lien qui permet d'accueillir à sa sortie celui qui bien souvent se retrouve seul, désemparé, tel le Témoin dont la totalité du réseau des relations s'est peu à peu restreint aux seuls membres de la Congrégation, lesquels maintenant fuient tout rapport avec lui. Excommunié, pestiféré, il se retrouve seul aux prises avec cette peur qui l'avait conduit à rejoindre le refuge de la secte, que l'on a entretenue par des menaces réitérées — « ceux qui nous quittent vont à leur perdition ! Satan les enchaîne et les rend fous ! » — et qu'il récupère à la sortie, augmentée d'un sentiment d'échec et de la honte de s'être laissé abuser.

Des situations fort diverses. — Etant acquis que le premier pas a consisté à *comprendre* ce que vivait l'autre, il faut reconnaître aussi que les situations sont fort diverses. Au premier degré, la situation n'est pas radicalement compromise : « Etude biblique » à domicile avec les pionniers jéhovistes, stages en ashram pendant les vacances. Une évolution ultérieure reste encore possible. Il s'agit alors d'*accueillir* la personne dans sa nouvelle situation, d'une présence chaleureuse et non captatrice. Sans projeter à toute occasion son inquiétude et son désaccord, car cela bloque tout échange un peu vrai. On est alors en droit de porter un jugement différent du sien sur ce groupe et ses méthodes, ses pensées et ses arrière-pensées. Peut-être justement attendait-elle ce point de vue différent du sien, objectif, qui lui permet de situer sa recherche et de l'évaluer.

Au deuxième degré c'est la rupture consommée où le nouveau converti est loin dans l'espace ou loin du cœur. Il parcourt le monde au gré des missions de son mouvement. Il s'est mis au service d'un nouveau « messie » auquel il verse tout son salaire et a introduit une instance de divorce, sa femme refusant de le suivre dans cette adhésion. Tout le monde est meurtri, bloqué. Pourtant, rien n'est encore perdu. Même cet éloignement — affectif, spirituel, géographique — ne justifie pas un gel des relations, dans la mesure où demeure encore la possibilité d'une minuscule ouverture. C'est par cette ouverture que l'on essaiera de faire brèche dans le réseau compact de pensées et de sentiments qui caractérisent l'univers unidimensionnel de la secte. Envoyer à l'enfant des nouvelles de la maison, un dessin ou une photo de la petite sœur, contribuent plus puissamment qu'un discours argumenté à débloquer le piège de la prison affective sectaire construite sur un savant lavage de cœur, et triplement verrouillée par la chaleur du groupe, l'autorité du maître, la passion de la Cause. C'est là encore l'attitude d'« accueil positif inconditionnel » de la psychologie dynamique.

Préparer le retour. — Mais on le sait, le facteur de changement le plus important dans une relation d'aide réside dans la capacité que l'on a de se transformer soi-même, au lieu de vouloir uniquement agir sur l'autre. Déjà à l'étape antérieure, le dialogue sur les projets de vie de celui qui commence à changer de voie — quand il se donne au yoga, ou à la macrobiotique comme à une nouvelle religion — n'a de chance d'être productif que si l'on peut exciper soi-même d'un projet de vie , que si l'on *existe* dans ce projet. De même, à cette étape, si l'on accepte de modifier son comportement, de *vivre* tout simplement, il n'est pas impossible que l'autre commence à se modifier lui aussi. N'est-ce pas ce qui se passe dans certains conflits conjugaux, dans des conflits entre parents et jeunes, même quand il y a eu rupture au départ ? La vie ne doit pas s'arrêter parce qu'« il est parti ». Car la vie est devant. Et c'est *devant* que l'on peut se rencontrer à nouveau. En ayant tourné la page du passé.

Il est normal qu'à une période de la vie les intérêts des parents et des enfants, voire ceux des conjoints, divergent. Il convient de dédramatiser. Et de *vivre* en s'étant donné des raisons (ou de nouvelles raisons) de vivre. A son retour — car il y a des retours, et plus nombreux aujourd'hui qu'hier —, le jeune découvrira des parents devenus autres. Et il se rendra compte qu'on l'avait trompé en les lui présentant seulement comme « négatifs », « destructeurs ». L'épreuve qui est souffrance est devenue alors facteur de progrès, créant les conditions d'une relation nouvelle, approfondie par l'épreuve. Situation idéale ? Peut-être, mais elle existe.

Dans le même mouvement on prépare pour l'adepte son retour au réel. Cette rentrée dans l'atmosphère, après le temps de satellisation dans l'imaginaire, est une opération délicate. Car l'on risque de se désintégrer si l'on ne peut intégrer rapidement un groupe solide porteur d'un solide sens de la vie. Groupe d'amis pratiquant un engagement social ou philanthropique fort, groupe religieux à réelle densité, communauté de vie : en bref tout groupe capable d'offrir des raisons de vivre à celui qui avait justement rendu son billet à la Société pour cause d'incapacité à lui en fournir.

Memento d'action pratique. — On soupçonne à plusieurs indices que le groupe fréquenté par un proche est pernicieux, à tout le moins inquiétant. Que faire[2] ?

---

2. *Bulletin de Liaison pour l'Etude des Sectes (BULLES)*, n° 5, 1983, p. 5-9 (10, rue du Père Julien Dhuit, 75020 Paris). Les associations de familles se sont créées vers les années 70 au moment où les nouvelles sectes s'adressant aux jeunes débarquaient en Europe : « Nous désapprouvons toute violence vis à vis des adeptes d'une secte. Nous les considérons comme des victimes. Ils ont besoin de notre aide, de notre compréhension et non de notre agressivité. » Elles mènent une action persévérante de prévention, d'information et d'aide ponctuelle. Cf. également le CCMM (Centre contre les Manipulations mentales), 19, rue Turgot, 75009 Paris.

1) *Démarches à accomplir* :

— Etablir un *dossier* regroupant toutes les informations sur le groupe (documents, tracts, noms et surnoms des membres, adresses) et sur les relations du sujet avec lui (téléphone, visites, correspondances, mouvements d'argent).

— *Action* : — juridique : s'il a disparu faire une demande de recherche dans l'intérêt des familles ; s'il y a crainte de dépossession de ses biens (par donation ou lors d'une succession) consulter un avocat ; s'il s'agit d'un enfant mineur entraîné par ses parents, saisir d'urgence le juge des enfants ; — médico-sociales : conserver tous les certificats médicaux et ordonnances que l'on peut se procurer avant, pendant et après l'entrée en secte. Prendre contact avec la DASS départementale (ou une assistante sociale) pour suivre le dossier de Sécurité sociale ; — rejoindre une Association de Défense pour obtenir information et aides complémentaires.

2) *Attitude à tenir* : Garder le contact. Les discussions d'idées ne passent guère à ce moment là, hormis les paisibles remarques de bon sens, mais bien la chaleur humaine. Alors qu'à trop argumenter sur les enseignements du groupe on enclenche chez l'adepte une réaction de justification qui contribue à l'ancrer davantage dans son discours.

Il s'agit de rechercher les « bonnes entrées » permettant de « faire jouer » la rigidité d'un système totalitaire qui, pour être efficace, a justement besoin de se fermer sur lui-même et d'enfermer le sujet dans un monde clos. Il ne s'agit pas de convaincre quelqu'un de revenir à nos idées, mais de lui permettre de décider librement par lui-même. Cela demande invention et ténacité, car rien n'est jamais perdu. Et humour, excellent antidote contre les sectes totalitaires qui se prennent toutes très au sérieux.

Aider quelqu'un à reprendre la route. — La description un peu technique que nous allons faire de l'entretien avec le psychologue permettra à chacun d'élaborer sa propre relation d'aide avec celui qui est « sorti » d'une secte totalitaire.

Il s'agit d'abord de lui réapprendre à vivre. Et pour cela, longuement l'écouter en évitant d'entrer dans une stratégie d'interprétation de ce qu'il a vécu. Car cette attitude l'enfoncerait encore dans la dépendance à l'égard du Maître dont il faut précisément l'aider à se délivrer, en prenant en main sa propre vie. L'écoutant va aider le consultant à penser à nouveau par lui-même, à inventer son existence et à en prendre en même temps conscience. « Regardez ! Vous pensez, vous inventez par vous-même ! »

Si en effet le passage en secte totalitaire a affaibli la capacité créative de la personne, on y était entré au départ par désir de nouveauté et de découverte, animé par une pulsion de vie plus pleine. Mais cette aspiration à la vie a été vampirisée au seul bénéfice du groupe dont l'adepte devient un rouage mécanisé et dévitalisé. Il s'agit donc de l'aider à retrouver la pulsion de départ qui l'a mis en route et qui a été par la suite dévoyée.

Le même mécanisme joue toujours en effet sous des habits différents : une adhésion totale au groupe qui amène à n'exister que par lui. L'adepte a désappris à penser et à vivre autonome. Parfois il ne sait même plus gérer un budget. La perspective d'avoir à vivre par lui-même hors du soutien et des liens de la secte est une épreuve redoutable. Certains n'osent pas franchir le pas par peur du vide, tel le Témoin de Jéhovah prêt à quitter l'Association après avoir découvert la fausseté de ses enseignements fluctuants, mais paniqué à l'idée de recréer à neuf un réseau de relation qui s'était limité progressivement aux seuls coreligionnaires, de remplir une existence quotidienne jusque-là entièrement minutée et quadrillée par les trois réunions hebdomadaires, la préparation des études bibliques, le programme de visite chez les gens.

Le passage en secte engendre-t-il alors de véritables désordres psychiques ? La question est controversée, certains observateurs affirmant que ces troubles étaient antérieurs à l'entrée dans le groupe, même s'ils y ont été parfois aggravés. Disons que la plupart des adeptes fragiles ont simplement réorganisé leur psychisme pour s'adapter d'abord à la situation traumatisante originelle — une solitude, une blessure affective, un échec répété —, ensuite au fonctionnement interne du groupe — obéissance automatisée, dépendance intérieure. Le véritable dégât d'un séjour prolongé tient à ce que la secte totalitaire est répétitive et n'engendre pas du neuf. En cela elle est mortifère car la vie est création.

D'où le creux dépressif qui suit la sortie du groupe. L'ex-adepte ressent moins la joie d'une libération que la perte d'un chaud climat sécurisant, d'objectifs bien calibrés orientant son existence. Il connaît souvent le douloureux état de manque que traversent les toxicomanes et les buveurs au cours de leur cure de désintoxication. C'est pourquoi la réinsertion dans la vie ordinaire ne peut se faire immédiatement. Celui qui a vécu en ashram ou en communauté continuera à appliquer dans le quotidien le même système de pensée et le même rituel. Dehors il continue de fonctionner comme dans la secte. Il s'agit de l'aider à mettre en route une nouvelle manière d'être qui peu à peu prenne la place des anciens modes de penser et d'agir.

Devant les dégâts causés, on comprend que certains s'interrogent : ne devrait-on pas parfois employer la manière forte pour soustraire les victimes à leurs manipulateurs, pour lutter efficacement contre les détourneurs d'âmes et d'esprits ? On a parlé à ce propos de « déprogrammation ». Sujet délicat qui demande de savoir raison garder, sans manichéisme.

« **Déprogrammer** » ? — C'est un fait, des groupes totalitaires pratiquent des méthodes de conditionnement psychologique. Les procès staliniens et les techniques employées pour fabriquer les « aveux » du cardinal Mindsenty ou d'Arthur London, les techniques de « rééducation » utilisées dans les camps viet-congs sur les prisonniers français ou américains ont révélé ce qu'est le viol psychique ou lavage de cerveau. D'où l'idée qu'en effaçant comme sur une bande magnétique le programme pernicieusement imprimé on pourrait reprogrammer sainement l'adepte, à condition de l'arracher préalablement à l'emprise de la secte, et de lui permettre ainsi de reprendre sa place dans la société « normale ».

Mais remplacer un conditionnement par un autre, n'est-ce pas encore accentuer la dépendance et la dépersonnalisation ? Peut-on assimiler purement et simplement une adhésion religieuse — serait-elle erronée et frauduleusement provoquée — à la simple impression mécanique d'idées et de sentiments dans le cerveau ? C'est mal connaître la psychologie religieuse. Par ailleurs, la situation de violence souvent requise pour enlever l'adepte et le mettre à l'abri — qui s'apparente à un kidnapping pour la bonne cause — risque de conduire à une rupture sans appel avec la famille si la déprogrammation ne réussit pas. On ne sauve pas les gens d'eux-mêmes si c'est contre leur volonté.

Et pourtant, si l'adepte a le droit de se tromper, nul n'a le droit de le tromper sciemment. Il a le droit de disposer de son âme et de sa vie, cela relève de la liberté de conscience. A condition d'être dûment averti du piège tendu à sa liberté. Aussi y a-t-il place pour une approche saine et efficace — que certains appellent parfois également « déprogrammation », d'où une certaine ambiguïté de vocabulaire — mais qui relève d'un autre esprit : les rencontres de discussion.

Il s'agit de rencontres de dialogue où l'on propose à la fois des informations sur le fonctionnement réel et caché de la secte, et des témoignages d'ex-adeptes qui possèdent l'expérience directe de la vie interne du groupe et de la situation vécue à la sortie. On vise aussi à faire apparaître ce qu'a apporté de positif le passage dans le groupe, par-delà l'expérience éprouvante du contrôle mental intense que l'on subit et du sentiment humiliant d'avoir été abusé, mêlé parfois à une certaine culpabilité. C'est un travail de reconstruction.

Peut-on sortir d'une secte ? Aux Etats-Unis, le mouvement d'entrée-sortie dans les sectes est assez courant. Elles sont en effet multiples, et le nomadisme religieux qui fait passer d'un groupe à l'autre au gré des déplacements professionnels et des amitiés est une donnée reçue de la société américaine. Il l'est moins en Europe. Comment « sort »-on alors d'une secte ?

Il faudrait d'abord distinguer les mouvements qui apparaissent aujourd'hui comme des religions établies : le Mormonisme par exemple. Ou les Témoins de Jéhovah (on n'en « sort » pas d'ailleurs : on est « exclu »). Une certaine stabilité est assurée dès la deuxième génération des convertis : quand les parents transmettent leur foi à leurs enfants.

Autres sont les nouvelles sectes s'adressant plus particulièrement aux jeunes. Le noyau dur y persévère généralement quand ses membres ont atteint des postes de responsabilité (chez les Moonistes, par exemple). Un mouvement de va-et-vient plus souple se manifeste chez les nouveaux adhérents (comme il arrive chez les « étudiants » récents en Scientologie). Certains partent d'eux-mêmes, devant les aspérités de la vie commune ou le heurt des caractères. Parfois les doutes accumulés font masse avec les griefs jusqu'à provoquer la rupture. D'autres ont besoin d'une aide extérieure pour prendre conscience de l'impasse dans laquelle ils se sont engagés. Des associations fournissent une famille d'accueil pour une post-cure durant le temps nécessaire à la remise sur pied de l'ex-adepte, en l'accompagnant dans le quotidien par une présence active sans surprotection[3].

---

3. Cf. par exemple l'ADFI, 10, rue du Père-Julien-Dhuit, 75020 Paris, tél. : (1) 47 97 96 08.

CONCLUSION

Aujourd'hui où il semble que « l'éternité se retire», comme disait André Malraux, dans ce désert où « se multiplient les seuls » comme écrivait Paul Valéry, on comprend la quête errante de spirituel et de chaleur humaine qui en met en route beaucoup à la recherche d'un « Ailleurs », et d'un groupe chaud qui en offre déjà les prémices.

On est alors impressionné, au terme de ce voyage au pays des sectes, par l'immense capital de sincérité, de bonne volonté, de désir de rencontrer Dieu qui s'y révèle. On est d'autant plus navré de le voir parfois récupéré par des marchands de spirituel sans scrupule. On se sent alors poussé à agir. Ce serait d'ailleurs rendre un bien mauvais service à certains de ces mouvements que d'avaliser inconditionnellement leurs déviations au bénéfice de la seule bonne foi de leurs membres. La tolérance implique la vérité. Le dialogue vrai suppose l'expression claire de la différence, seul moyen pour chacun de progresser dans sa voie.

On se sent pressé aussi d'agir sur les racines du mal : un certain dysfonctionnement de nos sociétés occidentales. Bergson appelait déjà notre civilisation à un « supplément d'âme ». Saint-Exupéry confiait : « Je hais mon époque de toutes mes forces, l'homme y meurt de soif. » Car l'homme ne peut vivre uniquement de moyens de vivre. Il a besoin de raisons de vivre. Si notre époque s'avérait incapable de les lui fournir, les sectes auraient un bel avenir. Car nous en fabriquerions alors la clientèle potentielle.

BIBLIOGRAPHIE

B. Wilson, *Les sectes religieuses*, Paris, Hachette,1970.
R. Bergeron, *Le cortège des fous de Dieu*, Montréal-Paris, Editions Paulines, 1982.
J. Vernette, *Sectes et réveil religieux*, Mulhouse, Salvator, 1976.
J. Vernette, *Sectes : que dire?, que faire ?*, Mulhouse, Salvator, 1994.
J.-F. Mayer, *Sectes nouvelles. Un regard neuf*, Paris, Cerf, 1985.
A, Woodrow,*Les nouvelles sectes*, Paris, Seuil, 1976.
F. W. Haack, *Jugend Religionen*, Munich, C. Pfeiffer, 1979.
Ch. Y. Glock et R. N. Bellah, *The New Religious Consciousnes* , Berkeley, University of California Press,1976.
J. Longton, *Fils d'Abraham*, B. Maredsous, Brepols, 1987.
J. Gordon Melton, *Encyclopedic Handbook of Cults in America*, New York—London, Garland, 1986.
J. Séguy, *Les sectes, protestantes dans la France contemporaine*, Paris, Beauchesne, 1956.
R. Campiche, *Quand les sectes affolent*, Genève, Labor et Fides, 1995.
H. Gasper *et al.*, *Lexikon der Sekten, Sondergruppen und Weltanschauungen*, Fribourg, Herder, rééd. 1994.

TABLE DES MATIÈRES

Introduction. — **Les sectes, problème d'actualité** ... 3

Chapitre Premier. — **Qu'est ce qu'une secte ?** 9

I. Une notion à la fois sociologique et théologique, 9. — II. Pourquoi le foisonnement actuel des nouveaux mouvements religieux ?, 25.

Chapitre II. — **Les groupes issus du tronc judéo-chrétien** 35

I. Les millénarismes, 35. — II. Les mouvements de réveil, 50. — III. Les groupes guérisseurs, 56.

Chapitre III. — **Mouvements orientaux, ésotériques, gnostiques** 59

I. Les groupes venus d'Orient, 59. — II. Les groupes issus de l'ésotérisme, de la gnose, des mouvements de développement du potentiel humain, 73.

Chapitre IV. — **Discernement** 89

I. Les sectes et nouveaux mouvements religieux sont-ils dangereux ?, 89. — II. En quoi les sectes posent-elles question à la société ?, 98.

Chapitre V. — **Comment se situer par rapport aux sectes et à leurs fidèles ?** 109

I. En arrière-plan, un bouleversement culturel, 109. — II. Quelle attitude adopter ?, 114.

Conclusion 125

Bibliographie.................................... 127

Imprimé en France
Imprimerie des Presses Universitaires de France
73, avenue Ronsard, 41100 Vendôme
Avril 1996 — N° 42 431